나실인: 고통의 시대로부터 누가 구원하는가?

- 구속사로 이해하는 사사기 -

다함
도서출판 **다** 은

1. **다윗**과 **아브라함**의 자손
   아브라함과 다윗의 자손으로, 하나님 구원의 언약 안에 있는 택함 받은 하나님 나라 백성을 뜻합니다.

2. 마음과 뜻과 힘을 **다하여** 하나님을 사랑하라
   구약의 언약 백성 이스라엘에게 주신 명령(신 6:5)을 인용하여 예수님이 가르쳐 주신 새 계명
   (마 22:37, 막 12:30, 눅 10:27)대로 마음과 뜻과 힘을 다해 하나님을 사랑하겠노라는 결단과 고백입니다.

사명선언문
1. 성경을 영원불변하고 정확무오한 하나님의 말씀으로 믿으며, 모든 것의 기준이 되는 유일한 진리로 인정하겠습니다.
2. 수천 년 주님의 교회의 역사 가운데 찬란하게 드러난 하나님의 한결같은 다스림과 빛나는 영광을 드러내겠습니다.
3. 교회에 유익이 되고 성도에 덕을 끼치기 위해, 거룩한 진리를 사랑과 겸손에 담아 말하겠습니다.
4. 하나님 앞에서 부끄럽지 않도록 항상 정직하고 성실하겠습니다.

나실인: 고통의 시대로부터 누가 구원하는가?
- 구속사로 이해하는 사사기 -

초판 1쇄 인쇄 2024년 05월 03일
초판 1쇄 발행 2024년 05월 13일

지은이 | 윤석준

교 정 | 김석현
펴낸이 | 이웅석
펴낸곳 | 도서출판 다함
등 록 | 제 402-2018-000005호
주 소 | 경기도 군포시 산본로 323번길 20-33, 701-3호(산본동, 대원프라자빌딩)
전 화 | 031-391-2137
팩 스 | 050-7593-3175
블로그 | https://blog.naver.com/dahambooks
이메일 | dahambooks@gmail.com

ISBN 979-11-90584-95-1 [03230]

ⓒ 윤석준

※ 신저작권법에 의하여 한국 내에서 보호받는 저작물이므로 무단 전재와 무단 복제를 금합니다.
※ 책 값은 뒷표지에 있습니다.
※ 잘못된 책은 구입처에서 교환하여 드립니다.

나실인:
고통의 시대로부터 누가 구원하는가?

구속사로 이해하는 사사기

윤석준 지음

I Will Become

26

다함
도서출판

NAZIRITE

목차

사사 시대를 통해 **'고통의 시대'**인 오늘을 진단하고,
그 사사 시대를 끊으시는 **'나실인 그리스도'**를 발견하다.

NAZIRITE

추천사

윤석준 목사의 책은 늘 영양가 만점입니다. 얼마 전 저자가 페이스북에 미리 소개한 이 책의 제목을 보고 궁금증이 발동해서 '저 책을 꼭 읽어봐야겠다!'라고 생각했는데, 제 속 마음을 어떻게 알았는지 저자가 전화를 해서 바로 그 책의 추천의 말을 써 달라고 했습니다. 원고를 받아 그 자리에서 바로 읽어 내려갔고, 독서를 멈출 수 없었습니다. 이야기의 전개나 논리가 너무나 명료했습니다. 현대와 과거를 넘나드는 저자의 열강에 계속 고개를 끄덕이게 됐습니다. 행간을 묵상하며 읽다가, 싱거운 예화에 빙그레 웃으며, 거룩한 교훈에 잠시 숙연해지기도 했습니다. 저자의 글은 어두운 현실을 정직하게 바라보고, 그 어둠을 성경의 빛으로 비춰줍니다. 또한 과거 신자와 현대의 신자를 가까이 놓고 바라보게 합니다. 그리하여 인간의 모든 문제는 오직 그리스도께서 해결하신다는 결론으로 복음을 제시합니다.

임경근 목사 (다우리교회 담임)

저자는 나실인이라는 렌즈를 통해 전체 성경과 이 시대를 관통하는 예리한 통찰과 지혜를 제공합니다. 저자는 사사시대는 '사사들이 활동한' 시대가 아니라 이스라엘 백성 가운데 하나님이 없던 시대라고 강조합니다. 그리고 나실인이 어둠의 사사시대를 끝낸 것은 참된 나실인이신 예수 그리스도의 사역을 미리 보여주는 것임을 역설합니다. 만약 현대 교회와 우리의 예배 가운데 하나님께서 임재하지 않으신다면, 사사시대는 오늘날에도 버젓이 지속되고 있는 것입니다. 나아가 우리의 사사기를 종결짓고, 진정한 구원과 회복을 성취하실 분은 참 나실인이신 예수 그리스도이심을 새롭게 되새기게 됩니다. 본서는 나실인에 관한 최초의 성경신학서입니다. 우리 시대의 교회공동체와 개인의 진정한 회복, 구원 그리고 부흥을 열망하는 독자들에게 이 책을 강력하게 추천합니다.

최윤갑 교수 (고신대 신학과, 구약학)

이 책은 사사기가 주는 교훈을 잘 풀어내줍니다. 저자는 사사 시대와 우리 시대를 연결하면서, 사사시대에 그랬던 것처럼 오 직 '진정한 나실인 그리스도'께서 우리 시대의 문제를 해결하실 수 있다고 확신합니다. 저자의 책 전개 방식은 설득력과 공감력 을 끌어올려 줍니다. 그는 본문을 해설하는 가운데 문맥적 의도 와 원어의 의미를 성실하게 고려하며, 본문과 관련된 구약과 신 약의 교훈을 통전적으로 연결합니다. 또한, 공회가 채택한 신조 들에 나타난 교리적 문구들을 적절하게 인용하고, 여러 이론을 풍요롭고 다채롭게 통섭합니다. 그리고 검증된 책들로부터 다 양한 글귀를 취하며, 이 시대에 회자하는 사실들과 저자 자신의 이야기를 적실하게 사용하여 읽는 재미를 더해줍니다. 더욱이 각주에서 출처를 인용함으로 독자들이 더 깊은 공부를 할 수 있 도록 안내해 줍니다. 이 책을 읽으면서 우리는 마주한 현실적인 문제들을 해석하고 돌파하는 힘을 얻게 될 것입니다.

황원하 목사 (대구산성교회 담임)

NAZIRITE

프롤로그.
In Christo! (그리스도 안에서)

어릴 적 멋도 모르고 보았지만, 현대 사회와 인생의 문제에 대한 다양하고 심오한 비평적 주제를 은유하고 있는 애니메이션이 있다. 바로 마츠모토 레이지 감독의 「은하철도 999」이다. 이 애니메이션은 TV판이 유명하지만 극장판의 엔딩도 아주 유명하다. 극장판에는 TV판과 비교하여 다소 성장한 청년 철이가 나오는데, 마지막 장면은 메텔과 철이의 이별 장면이다. 철이가 탄 은하철도가 출발했지만 메텔은 역에 남는다. 그리고 메텔의 독백과 해설자의 나레이션으로 극장판이 끝난다. 메텔의 대사는 이렇다.

안녕, 철아! 언젠간 헤어질 때가 와. 나는 알고 있었어.
나는 청춘의 환영, 젊은이에게 밖에 보이지 않는
시간의 흐름 속을 여행하는 여자.
메텔이라는 이름이 철이의 추억 속에 남겨진다면
그걸로 족해. 나는 그걸로 충분해.
안녕, 철아!
너의 청춘과 함께 여행한 일을 나는 영원히 잊지 않을 거야
안녕, 나의 철이, 안녕!

「은하철도 999」의 극장판은 마지막으로 "그리고 소년은 어른이 되었다."라는 자막이 나오면서 끝난다. 그 마지막 자막을 읽고 나면, 그제서야 시청자는 이 애니메이션의 모든 내용이 한 소년이 어른이 되어가는 과정을 담고 있는 은유라는 것을 깨닫게 된다. 메텔은 그 길의 안내자, 청춘의 환영이다.

어른, 곧 성인이 된다는 것은 무엇을 의미하는가? 대학 시절 교양 강좌로 듣던 철학 시간에 '인생은 무엇인가?'에 대하여, 또 그래서 '무엇이 의미 있는 일인가?'에 대하여 고민했던 시기가 있었다. 나는 이때를 '내 인생의 변곡점'이라고 생각하는데, 그야말로 '의미'보다는 단지 '찰나'에 집중했던 삶에서 일대 전환이 일어나던 시기였다고 하겠다.

생의 의미를 생각하지 않던 시절에서 생의 의미를 생각하게 되어가는 일이 철이 들어가는 일일 테고, 이것이 곧 어른이 되

는 일, "그리고 소년은 어른이 되었다."의 일일 테다. 가수 윤상 씨의 노래 중에 「그땐 몰랐던 일들」이라는 곡이 있는데, 이런 가사가 있다.

> 해가 저물도록 힘든 줄도 모르고
> 이 골목 저 골목을 뛰어다녔지.
> 그땐 그렇게 넓기만 하던 우리 동네 …
> 언제나 오늘만 생각하던 짧은 머리, 키 작은 꼬마 아이

정말 소년은 '오늘만 생각'한다. 하지만 어른이 된다는 것, 즉 소년을 벗는다는 것은 바로 그 오늘의 '의미'가 무엇인지, 또 '내일이 무엇일지'를 생각하는 것을 말한다.

같은 논조로 우리는 '그리스도인으로 산다는 것'에 대해서도 말할 수 있다. 그리스도인으로 살아간다는 것 역시 '살아가는' 일이면서 동시에 '어른이 되어가는' 일이다. 우리는 몸의 성장에서만 어른이 되어가는 것이 아니라 영적 성장에서도 동시에 어른이 되어가야 한다. 그러나 어떤 이는 찰나에도 진리를 깨닫게 되지만, 어떤 이는 평생 교회 문턱을 드나들어도 아기인 채로 남아 있다. 그렇다면 그리스도인으로서 어른이 된다는 것은 무엇에 대해 통찰력을 얻는 것이며, 무엇을 삶에 형성해 낼 수 있게 되는 것일까?

현대를 흔히 포스트모던 사회라고 부르는데, 제임스 스미스

는 현대의 포스트모던을 진단하며 '허무주의'를 정의하기를 "허무주의란 단순히 도덕성을 포기하고 제멋대로 하는 성향을 의미하는 것이 아니라, 오히려 독특한 형이상학적 의미를 가지는데 그 뿌리에 있어서 허무주의는 존재론적 일원론에 근거한다."라고 했다.[1] 이 말은 쉽게 말하자면 허무주의는 허세를 부리는 인본주의보다는 훨씬 더 정직한 사상이라는 의미이다. 왜냐하면 인본주의는 인간이 하나님이라고 거짓말을 하는 반면, 허무주의는 인간에게 하나님이 없어지니 '그야말로 아무것도 가치가 없어져 버렸다는 사실'을 인정하기 때문이다. 진실로 그 어느 것도 가치로운 것이 없다!

결국 포스트모던의 민낯은 고귀한 것이 아무것도 아님[신의 부정(否定)]을 천명하는 순간 유치한 것들이 온통 신의 자리를 대치해 버린 것을 의미한다. 삶은 사실 아무런 의미도 없기 때문에 아무것도 아닌 것을 의미 있다 할 수밖에 없게 된다(그마저 하지 않으면 모두가 자살해야 한다. 인생은 아무런 의미가 없는 것이므로). 그렇다면 그리스도인으로서 성인이 된다는 것은 바로 이 사실을 깨닫는 것이다.

---

1 제임스 스미스, 『급진 정통주의 신학』, 한상화 옮김 (서울: CLC, 2011), 60.

하나님이 없다면 의미가 있는 것은 아무것도 없다.

야고보서 1장 17절 말씀은 "온갖 좋은 은사와 온전한 선물이 다 위로부터 빛들의 아버지께로부터 내려오나니"라고 우리를 가르친다. 그렇다! 모든(개역개정의 "온갖"은 헬라어로 "모든"이다) 좋은 은사와 온전한 선물은 오직 빛들의 아버지께로부터'만' 온다. 논리학에서는 거꾸로 했을 때 참이 되지 않는 경우가 많지만, 이 명제는 거꾸로도 그대로 참이다. 곧 "하나님 아버지로부터가 아니면 아무런 좋은 것도 나오지 않는다." 그 이유는 무엇일까? 그분**'만이'** 모든 좋은 것의 근원이시기 때문이다.

우리는 인생에서 메텔을 만나 인생의 여정을 항해하는 철이와 같이 성장의 드라마를 살아가고 있을 수도 있다. 어떤 이는 포스트모던의 쓰레기들 사이를 항해하면서도 삶의 기쁨을 누리는 이들도 있을 수 있다. 하지만 그리스도인으로서 성인의 눈을 가진다는 것은, 거기에 하나님이 없다면 인생은 아무런 의미도, 아무런 가치도 있을 수 없다는 것을 깨닫는 것을 의미한다. 그리고 이 사실은 우리에게 '유일한 구원자'라는 말의 의미도 깨닫게 해 준다. 흔히 듣게 되는 말, "오직 예수!" **즉 그리스도 외에는 이 구원 없는 세계로부터 우리를 구원하게 해 줄 이가 그 누구도 없는 것이다.**

우리가 사사 시대를 특별히 주목할 가치가 있는 이유는, 놀랍게도 교회 안에 '세상의 그것'이 있었기 때문이다. 사사들의 시대는 '고통의 시대'였다. 왜냐하면 거기, 교회 안에, 하나님이 없었기 때문이다. 거기에는 유사품과 모조품으로 가득한 가짜 하나님들은 있었지만, 실제 살아계신 하나님은 없었다. 이런 곳을 우리는 사사 시대라고 부르며, 여기가 바로 고통의 시대이다. 그리고 슬프게도 이런 점은 포스트모던 시대를 살아가는 오늘날 우리들의 모습이기도 하다.

그러나 동시에 우리가 다시 사사 시대를 특별히 주목할 가치가 있는 이유는, 놀랍게도 하나님께서 이러한 고통의 시대에 응답하셨기 때문이다. 곧 **하나님은 절망을 끊으신다.** 나실인에 대한 탐구는 죄로 인한 어둠과 참혹한 실패에 빠진 이 사사 시대를 끝내는 힘이 오직 최후의 사사이시자 모든 사사의 성취가 되시는 주 예수 그리스도이실 뿐이라는 사실을 우리에게 알려 준다. 하나님은 절망의 시대, 암흑의 시대, 고통의 시대였던 사사 시대를 '두 나실인'을 통해 끊으셨다. 그리고 하나님의 이 크신 일은 모든 시대의 교회, 모든 시대의 신자들에게 참 빛이신 분을 바라보게 해 준다. 바로 여기에 나실인에 대해 공부해야 할 궁극의 이유가 있다.

시대의 암흑 속에서도 우리를 진정 이 어둠으로부터 건져주시는 분은 오직 주 예수 그리스도밖에 없다는 사실을 성경 역사 속에서 발견하는 일은 짜릿한 기쁨이다. 그리고 무엇보다 이것은 '생존의 문제'이다. 시편 1편은 "복 있는 사람은 시냇가에 심은 나무가 철을 따라 열매를 맺으며 그 잎사귀가 마르지 아니함 같(시 1:3)"다고 했는데, 하나님의 품에 길리우는 주의 백성들에게 있어 그분의 품을 떠나 있다는 것은 생존의 위기에 있다는 의미이기 때문이다. 살려주는 이 없이 살 수 없다. 바싹 말라버린 맨땅에 뿌리를 딛고서는 일어설 수 있는 길이 없다. 시냇가에 뿌리를 드리워 생수를 들이켜야만 살 수 있는 것이다.

우리는 나실인 이야기를 통해서 하나님께서 어떻게 고통의 시대를 끊고 자기 백성들에게 구원을 주시는지 발견하기를 원한다. 죽음을 이기는 일은 오직 하나님만 가능하다(롬 8:3). 그리고 우리는 지금 그 '생명'을 받아 누리고 있다. 오직 그에게만 죽지 아니함이 있다(딤전 6:16)!

1부
고통의 시대란 무엇인가?

NAZIRITE

1장. 믿음 없는 시대

(1) 철병거를 물리치지 못함

인생은 그리 단순하지 않다. 언젠가 장례식장에서 어떤 청년이 "돌아가신 분은 천국에 가셨을 텐데 장례식장에서 사람들이 우는 것은 믿음이 약한 것이 아니냐?"라고 물었다는 이야기를 들은 적이 있다. 물론이다. 신자는 죽음 이후의 영원한 생명을 믿는 이들이며, 따라서 이들에게 죽음이란 슬픔이어서는 안 된다. 하이델베르크 교리문답은 "그리스도께서 우리를 위해서 죽으셨는데 우리도 왜 여전히 죽어야 합니까?"(16주일 42문답)라는 질문에 "우리의 죽음은 자기 죗값을 치르는 것이 아니며, 단지 죄짓는 것을 그치고 영생에 들어가는 것입니다."라고 대답하고 있다. 이 말은 죽어 사망에 이르는 이들과 겉으로 보기에는 똑같은 것처럼 보이는 죽음이 신자에게는 영생을 향한 관문이 되었다는 것이다. 그리스도께서는 죽음이라는 흉기를 도리어 변화시키셔서 가장 극렬한 기쁨으로 가는 통로로 만드셨다.

그러나 그것이 전부는 아니다. 인생에서 슬프지 않은 이유를 안다고 해서 슬프지 않은 것은 아니다. 믿음이 없어서가 아니라 믿음이 있어도 슬픈데, 그 이유는 하나님께서 세계를 단순한 흑백논리로 "이것 아니면 저것"이라는 식으로 만들지 않으셨기 때문이다. 세상은 복잡하다. 슬픔의 내면에 기쁨이 있기도 하고, 기쁨의 또 다른 측에 슬픔이 있기도 하다.

그래서 신자가 사랑하는 이를 잃었을 때는 그가 천국에 갔으므로 기뻐함이 마땅하여도, 동시에 잠시라 하더라도 이별의 슬픔이 있고, 그렇다면 우는 일 또한 당연하다. 아들이 2년 동안 군대에 가도 부모는 울지 않는가? 세상에는 믿음이라는 말로 단순하게 치부하지 말아야 할 문제들이 있는데, 그건 **'믿음이 없어서'** 가 아니라 **'믿음이라는 것이 그렇게 단순하지 않기 때문'**이다.

사사기의 시작

그런 점에서 사사기 시작 부분의 정황은 한편으로 충분히 이해할 수 있다. 이스라엘은 약속의 땅에 도달했다. 그리고 믿음의 싸움을 통하여 약속의 땅을 차지해야 했다. 하나님께서 그 땅을 주시겠다고 하셨고, 이제 그들에게는 믿음의 응전만이 남아 있었다. 하지만 사사기 1장에서 우리는 "쫓아내지 못하였으며"가 반복되는 것을 발견한다. 사사기의 시작은 '처절한 실패'이다. 그리고 그 실패를 한편으로 우리는 이해할 수 있다. 인생은 그렇게 단순하지 않기 때문이다.

사사기의 첫 구절만 보면 이스라엘이 매우 희망적인 미래를 담보하고 있다고 착각할지도 모른다. 사사기 1장 1절은 "여호수아가 죽은 후에 이스라엘 자손이 여호와께 여쭈어 이르되, 우리 가운데 누가 먼저 올라가서 가나안 족속과 싸우리이까"라고 시작하고 있는데, 여기 "여호수아가 죽은 후에"라는 문구는 사람 이름만 바꾼 여호수아서의 시작, 1장 1절의 시작부와 완전히 똑같기 때문이다.

사사기 1장 1절	와예히 아하레이 모트 예호슈아	וַיְהִי אַחֲרֵי מוֹת יְהוֹשֻׁעַ	여호수아가 죽은 후에
여호수아 1장 1절	와예히 아하레이 모트 모쉐	וַיְהִי אַחֲרֵי מוֹת מֹשֶׁה	모세가 죽은 후에

즉 사사기의 첫 구절을 읽으면 마치 사사 시대에도 여호수아 시대처럼 곧 연거푸 승리가 임할 것처럼 보이는 착시 효과를 예상할 수 있다. 마치 여호수아가 가나안 땅으로 돌진하여 그 땅의 적들을 쳐부수고 지파별로 땅을 모두 분배하여 "그 땅에 안식이 임했다"(수 22:4)라고 선언했을 때처럼, 사사 시대에도 희망적인 미래가 펼쳐질 것처럼 보인다.

실제로 사사기 제일 앞부분에 나오는 몇 전쟁은 승전이었다. 사사기에 처음 등장하는 아도니 베섹과의 전투에서 이스라엘은 대승을 거두었다. 옛적에 무려 칠십 명의 왕들을 잔해했던 아도니 베섹("아돈"이 히브리어로 "주(Lord)"라는 뜻이기 때문에 "베섹의 주"라는 뜻이다)을 물리친 것이다(1:4-7). 이어서 유다는 예루살렘을 쳐서 취하였고(8절), 헤브론의 세새와 아히만과 달매를 죽였으며(10절), 드빌(기럇 세벨)의 거민들을 쳤다(11절). 갈렙은 기럇 세벨을 치는 자에게 딸 악사를 약속했는데, 후에 첫 사사가 되는 옷니엘이 이 정복을 성공했고, 그래서 그는 갈렙의 조카이자 사위가 되었다. 17절까지 이어지는 말씀에서 유다는 호르마를 정복한다. 호르마는 민수기에서 광야에 있던 이스라엘이 한 번 정복했던 도시였다. 가나안 땅 안에 있던 이 호르마를 정복했기 때문에 이스라엘은 사기가 충천해서 곧 가나안에 들어갈 것 같았지만 하나님이 길을 돌아가라고 명령하셨고, 이로 말미암아 이스라엘은 불평하고 불뱀의 심판을 받았다. 즉 호르마는 이스라엘에게 있어 가나안 정복을 소망했으나 이루지 못하고 도리어 벌을 받은 과거의 기억이 있던 도시였다. 따라서 이곳을 정복했다는 것은 가나안 정복이라는 큰 소망을 이루어 냈다는 감정을 주기에 충분한 곳이었다. 이렇듯 사사기의 첫 부분은 가나안 정복이 수월하게 이루어져 가는 듯한 모습으로 시작하고 있다.

그러나 여기까지이다. 여기까지가 이스라엘 승리의 전부이며, 사사기 1장의 희열의 끝이다. 이후 이어지는 구절들은 계속되는 패배의 연속이다. 1장 19절은 이렇게 말하고 있다.

> 여호와께서 유다와 함께 계셨으므로 그가 산지 주민을 쫓아내었으나 골짜기의 주민들은 철병거가 있으므로 그들을 쫓아내지 못하였으며 (삿 1:19)

"산지 주민은 쫓아내었으나 골짜기의 주민들은 쫓아내지 못하였다." 이 19절을 기점으로 분위기가 전환된다. 21절은 베냐민 자손이 예루살렘에 거한 여부스 사람을 "쫓아내지 못하였"다고 한다(삿 1:21). 1장 27절에는 므낫세가 해당 지역의 사람들을 "쫓아내지 못하매" 가나안 족속이 결심하고 그 땅에 거하였다고 한다. 29절에는 에브라임이 "쫓아내지 못하매", 30절에는 스불론이 "쫓아내지 못하였으므로", 31절에는 아셀이 "쫓아내지 못하고", 33절에는 납달리가 "쫓아내지 못하"였다. 온통 "쫓아내지 못하였다"로 가득 차 있다! 심지어 1장의 마지막 부분은 아예 아모리 사람이 단 자손을 산지로 쫓아내 버렸으며, 그래서 "결심하고 헤레스 산과 아얄론과 사알빔에 거주"하였다고 말한다. 그 바람에 마지막 절인 36절은 이스라엘의 경계가 아니라 아모리 사람의 경계가 나온다!

철병거의 문제

왜 쫓아내지 못했을까? 다시 19절 말씀을 보면 산지 주민은 쫓아냈으나 골짜기[1]의 주민은 쫓아내지 못한 이유는 "골짜기의 주민들에게는 철병거가 있었기 때문"이다. 그렇다! 압도적 전력 차이가 있었던 것이다. 산지는 게릴라전이 가능하더라도 평지에서는 병거에게 이길 수 없다. 이것은 상식의 문제이다. 제아무리 하나님의 백성이라고 할지라도 극복할 수 없는 것은 극복할 수 없는 것이라는 말이다.

우리는 성경을 읽을 때 거기 등장하는 사람들을 지나치게 단선적으로 읽는 경향이 있다. 우리는 광야의 이스라엘을 보면

---

1 본문의 "골짜기"는 우리나라처럼 계곡 사이의 좁은 골짜기를 의미하는 것이 아니라 골짜기 사이의 넓은 평지를 말한다.

서 '저렇게 하나님께서 항상 눈에 보이도록 역사하시는데도 왜 저들은 말도 안 되는 불신앙을 보이는 걸까?'라고 생각한다. 마치 내가 거기 있었으면 전혀 그러지 않을 것처럼 말이다.

하지만 정직하게 말해 우리 또한 거기 그 자리에 있었으면 똑같이 배역(背逆)의 길을 걸었을 사람이 태반이다. 그들이 믿음이 없어 보이는 이유는 단지 그들이 '책 속 인물'이기 때문이다. 정작 오늘 나의 직장에서, 이웃 관계에서, 사회생활에서, 가정과 교회 속에서 비슷한 일이 일어날 때 나는 종종 그들보다 더 불신앙적으로 행동한다. 그런데 과연 내가 거기 있었다고 해서 마실 물이 없는데 하나님이 당장 해결해 주신다고 확실하게 믿을 수 있었을까?

철병거의 문제는 간단하지 않다. 철병거는 **극복할 수 없는 현실의 벽**이다. 이 문제는 작대기를 가지고 탱크와 싸워서 승산이 있다고 말하는 것과 같다. 이것은 가능하지 않다. 그래서 철병거의 문제는 간단하지 않다. 교회학교의 어린아이들에게 성경을 가르쳐 보면 온갖 종류의 어려운 문제들에 대한 해답으로 "하나님께 기도하면 돼요!"라고 소리치는 걸 종종 발견하곤 하는데, 나이가 조금만 더 들면 세상의 문제가 그리 단순하지 않다는 것을 쉽게 깨닫게 된다. 나이가 들어갈수록, 문제가 생길 때마다 기도했지만 하나님이 항상 들어주시지는 않는다는 걸 체득하여 알게 되기 때문이다. 그래서 점점 더 현실의 벽은 높아가지만 믿음이란 것은 추상적으로 변하게 된다.

그래서 우리는 성경의 이야기를 읽으면서 '인생은 간단하지 않다'는 것을 반드시 기억해야 한다. 내 삶은 처절하고 복잡하지만 성경 이야기 속의 사람들의 삶은 구구단 같았던 것이 아니다. 그들의 삶도 우리만큼이나 처절하고 복잡했고, 그들이 하나님을 선택해야 하는 상황도 쉬운 상황이 아니었다. "하늘에서 만나가 내리는 것을 보고도 어떻게 그럴 수가 있어요!"라고 쉽게 말하겠지만, 날 때부터 하늘에서 만나가 내리는 환경에서 태어났다면, 하늘에서 만나가 내리는 것은 **자연현상 외 아무것도 아니다.** 믿음은 믿음의 현상이나 환경이 있다고 해서 생기는 것이 아니라, 어떤 환경 속에서도 결국 선택의 문제이다. 그들이 지금의 우리와 상황이 다르다고 해서 동화처럼 간단히, 교회학교의 어린아이들처럼 간단히, "기도하면 되잖아요!"라고 할 수 있는 문제가 아니다. 철병거는 간단히 극복할 수 없는 문제이다. 힘의 차이! 현실의 문제! 이길 수 있고 없고가 상황 속에서 뒤집을 수 없는 당위를 가져올 수밖에 없는, 그런 문제이다.

산의 신

그러나 이 상황에 대해 우리에게 통찰력을 주는 중요한 사실 한 가지는 "산지 주민은 쫓아내었으나 골짜기의 주민은 쫓아내지 못했다."라는 이 이야기가 여기 사사기 본문 외에 한 군데 더 나온다는 점이다. 이 이야기를 곰곰이 숙고해 보면 사사기의 이야기를 다시 한번 생각해야 할 필요성이 생긴다.

열왕기상 20장은 이스라엘 역사상 가장 악한 왕으로 꼽히는 아합의 이야기다. 아합은 당시 아람과 싸우고 있었는데 이스라엘의 엄청난 열세 속에서도 하나님께서 선지자를 보내어 이길 수 있다고 약속하셨고, 각 지방 고관의 청년들을 보내라는 명령에 따랐더니 첫 번째 전투에서 승리했다. 하나님께서 악한 왕 아합에게도 승리를 주셨다.

22절 이하의 이야기는 그 첫 전투에서 패배한 아람 왕의 신하들이 왕께 고하는 내용이며, 이로 인하여 두 번째 전투가 벌어진다. 아람의 신하들은 왕께 이렇게 말한다.

> 그들의 신은 **산의 신이므로** 그들이 우리보다 강하였거니
> 와 우리가 만일 평지에서 그들과 싸우면 반드시 그들보다
> 강할지라 (왕상 20:23)

산의 신! "여호와는 산의 신이다!" 이것이 아람 신하들의 믿음이었다. 왜 이들은 여호와를 "산의 신"이라고 생각했을까? 당시의 아람이 이스라엘의 하나님 여호와에 대해서 얼마나 알고 있었는지를 파악할 수는 없지만, 여호와를 "산의 신"이라 말할

정도였다면 어느 정도의 지식은 있었다고 보아야 한다. 아마 이스라엘의 신성한 곳(혹은 성전)이 항상 산에 있기 때문에 그런 생각이 생겼을 수 있다. 하지만 가까운 과거를 생각해 보면, 우리가 조금 전에 살폈던 사사기의 정황에서의 하나님의 군사가 된 이스라엘이 하나님을 "산의 신"으로 만들었다고 볼 수 있다. 사사 시대의 이스라엘은 산에서는 승전하고 평지 전투에서는 속속 패배했기 때문이다. "산지 주민은 쫓아내었으나 골짜기의 주민은 … 쫓아내지 못하였으며(삿 1:19)." 따라서 이방 국가들의 입장에서 볼 때 이스라엘의 하나님은 충분히 "산의 신"이었다.

아람 왕 벤하닷은 두 번째 전투로 나아간다. 그리고 이에 대해 하나님께서 이스라엘 왕 아합에게 말씀하신다.

> 아람 사람이 말하기를 여호와는 산의 신이요 골짜기의 신은 아니라 하는도다 **그러므로** 내가 이 큰 군대를 다 네 손에 넘기리니 너희는 내가 여호와인 줄을 알리라
> (왕상 20:28)

이 문장은 간단하다. 하나님께서 아람의 모든 군대를, 악한 왕임에도 불구하고 아합의 손에 붙이시는 이유는 단 하나이다. **그들이 여호와를 "산의 신"이라고 했기 때문이다.** 하나님은 말씀하신다. "너희는 내가 여호와인 줄을 알게 될 것이다!" 아람 군대들과 그 왕은 여호와께서 천하 만물의 주(主)이심을 곧 보

게 될 것이다! **이스라엘은 하나님이 "산의 신"이 아니심을 알게
될 것이다!**

이방인의 눈으로 볼 때 여호와는 "산의 신"이다. 그의 힘이
산에만 미칠 수 있는 신이다. 따라서 평지/골짜기에서 싸우면
아람이 이길 것이다. 하지만 하나님은 말씀하신다. "아람 네가
그렇게 말한다면, 비록 아합이 악한 왕이라 할지라도 반드시 이
스라엘이 이기게 하겠다." **하나님은 거부하신다. 인생의 편견,
우리의 약함, 사람이 가진 한계를, 하나님은 거부하신다. 이것
이 믿음이다.**

철병거를 가졌고 강할지라도

하나님은 인생의 문제를 가볍게 여기지 않으신다. 주께서
몸을 입고 세상에 내려오셨을 때 나사로의 죽음을 보시고 우셨
다. 만사에 초월하여 있는, 우주 저편에 앉아 계신 분이 여호와
시라면, 인생의 고통 따위를 보고 우시지 않으셨을 것이다. 그
러나 하나님은 인생의 문제와 그 고통의 강도를 아신다. 어떤
이들이 카페에 앉아 진한 커피를 홀짝이며 다른 이의 고통을 가
볍게 '믿음 없음'의 문제로 치부해버리는 것처럼 그렇게 하나님
께서는 우리의 고통과 인생의 어려움을 쉽게 다루시지 않는다.
하나님도 철병거를 가진 이들에게 이길 수 없음을 알고 계신다.

하나님도 군대의 많고 적음이 승리의 결정적이라는 것을 알고 계신다. 아니, 세계의 움직이는 그런 원리를 지으신 분이 바로 그분이 아니신가!

그러나 여호와를 "산의 신"이라고 말했던 아람의 군대와 이스라엘 군대의 병력 차가 "이스라엘 자손은 두 무리의 적은 염소 떼와 같고 아람 사람은 그 땅에 가득하였더라(왕상 20:27)."와 같았을지라도, 하나님은 악한 왕 아합을 사용하셔서라도 이 싸움을 이기게 하셨다.

> 일곱째 날에 접전하여 이스라엘 자손이 하루에 아람 보병
> 십만 명을 죽이매 (왕상 20:29)

정말 인생은 단지 어렵기만 한가? 정말 극복할 수 없는 것은 극복할 수 없는 것인가? 믿음이 있을지라도 안 되는 일은 안 될 수밖에 없는 것인가? 믿음을 가볍고 단순하게 다루어서는 안 되지만, 반대로 믿음은 그렇게 의미 없는 것은 전혀 아니다. 믿음은 현실을 극복한다.

사사 시대의 싸움도 같은 성격이다. 우리는 사사기 1장 19절을 읽으면서 동병상련을 경험한다. "맞아! 철병거가 있으니 우리가 어쩔 수 있겠어?"

하지만 하나님은 우리의 삶에서 일어나는 문제들을 '충분히

다 알지 못하셔서' 우리들에게 믿음을 가지라고 말씀하신 것이 아니다. 인생은 충분히 복잡하고 어렵지만, 그럼에도 불구하고 하나님께서 믿음을 요구하시는 것은 '현실을 잘못 파악하셔서' 그런 것이 아니다. 오히려 현실은 우리보다 하나님께서 더 잘 알고 계신다. 그런데도 하나님께서 가나안 땅을 주겠다고 하신 까닭은, 하나님께서 현실을 잘 모르셔서가 아니라, **믿음이 현실을 극복하기 때문**이다. 하나님은 사사 시대가 오기 이미 오래전에 여호수아 17장 18절에서 이렇게 말씀하셨다.

> 그 산지도 네 것이 되리니 비록 삼림이라도 네가 개척하라 그 끝까지 네 것이 되리라 가나안 족속이 비록 철병거를 가졌고 강할지라도 네가 능히 그를 쫓아내리라 하였더라 (수 17:18)

"가나안 족속이 비록 철병거를 가졌고 강할지라도, 네가 능히 그를 쫓아내리라!" 하나님은 이미 말씀하셨다. 사사 시대가 오기 전, 땅 분배를 다 완료하기 전인 여호수아의 시대에 하나님은 '이미' 말씀하셨다. **"철병거가 있다는 것을 나도 안다. 그러나 철병거가 있다 하더라도 네가 이길 것이다!"**

하나님의 이 선언은 우리가 인생의 복잡함에 대해 말하면서 온갖 종류의 핑계를 대며 믿음으로부터 도망칠 때 우리를 부숴뜨리는 말씀이다. 하나님은 모르시지 않는다. 우리의 고통, 우리의 슬픔, 우리의 어려움, 우리의 낭패, 우리의 좌절, 우리의 절망 … 하나님은 모르시지 않는다. 하지만 하나님은 말씀하신다. "가나안 족속이 철병거를 가졌고 강할지라도, 네가 능히 그를 쫓아내리라." 믿음은 현실을 극복한다. 이것이 성경이 가르치는 진리이다.

실례로 사사기 4장을 보면 하나님이 이스라엘을 구원하시기 위하여 사사를 보내시면, 이 사사는 철병거의 유무와 관계없이 승리를 거두었다. 드보라와 바락의 때에 시스라는 "모든 병거, 곧 철병거 900대와 자기와 함께 있는 모든 백성을" 이끌고 왔다. 하지만 드보라와 바락은 그들을 쳐서 무찌른다. 철병거와 맞닥뜨렸다고 해서 전쟁에 지지는 않았다.

문제는 무엇인가? 관건은 무엇인가? 믿음이 현실을 극복한다는 것을 '충분히' 믿지 않기 때문이다. 이 싸움이 이렇게 묘사된다.

> 여호와께서 바락 앞에서 시스라와 그의 모든 병거와 그의 온 군대를 칼날로 혼란에 빠지게 하시매 시스라가 병거에서 내려 걸어서 도망한지라 (삿 4:15)

실제로 전투에서 싸운 것은 바락이었다. 하지만 성경은 주어를 "여호와께서"라고 쓰고 있다. 왜 약속이 현실을 극복하는가? 왜 약한 무기를 가진 자가 철병거를 이길 수 있는가? 우리의 무기는 힘이 없지만, 여호와께서 철병거를 부실 수 있는 강력을 가진 분이시기 때문이다.

따라서 사사기 1장 19절 말씀의 "철병거가 있으므로 그들을 쫓아내지 못하였다"는 말씀을 액면 그대로 받아들여서는 안 된다. 이 말씀의 배후에는 단지 그들이 무기가 좋지 못하여 이기지 못했다는 의미 이상의 것, 즉 이스라엘이 하나님께 믿음으로 신실하게 반응하지 못했다는 점이 들어있다. 비록 현실이 복잡하다 하더라도 우리의 믿음은 철병거를 '충분히' 이길 수 있다.

(2) 아낙 사람을 몰아내지 못함

> 그들이 모세가 명령한 대로 헤브론을 갈렙에게 주었더니
> 그가 거기서 아낙의 세 아들을 쫓아내었고 (삿 1:20)

사사기 초반의 몇 안 되는 승전 중에 단연 돋보이는 사람은 갈렙이다. 갈렙은 광야 시절 가나안 땅을 정탐하기 위해 지파별로 뽑힌 열둘 중 긍정적인 보고를 한 두 사람 중 하나로, 광야 생활 이후 유일하게 여호수아와 함께 가나안 땅을 밟은 사람이다 (민 14:30, "여분네의 아들 갈렙과 눈의 아들 여호수아 외에는 내가 맹세하여 너희에게 살게 하리라 한 땅에 결단코 들어가지 못하리라").

사사기 1장 12절에 이미 갈렙은 한 번 언급된다. "갈렙이 말

하기를 기럇 세벨을 쳐서 그것을 점령하는 자에게는 내 딸 악사를 아내로 주리라", 이 호기로운 제안에 조카 옷니엘이 응답했고, 과연 옷니엘의 승전에 갈렙은 악사를 그에게 아내로 주었다 (삿 1:13).

그뿐 아니다. 갈렙은 본인 스스로도 이 싸움에 뛰어들어 승전했다. 1장 20절에는 "그들이 모세가 명령한 대로 헤브론을 갈렙에게 주었더니"라고 나오는데, 이 "모세의 명령"은 여호수아 14장의 이야기를 가리킨다. 여기서 갈렙은 이렇게 말한다.

> 그때에 유다 자손이 길갈에 있는 여호수아에게 나아오고 그니스 사람 여분네의 아들 갈렙이 여호수아에게 말하되 … 이제 보소서 … 오늘 내가 팔십오 세로되 모세가 나를 보내던 날과 같이 오늘도 내가 여전히 강건하니 그때나 지금이나 같아서 싸움에나 출입에 감당할 수 있으니 그날에 여호와께서 말씀하신 이 산지를 지금 내게 주소서 당신도 그날에 들으셨거니와 **그곳에는 아낙 사람이 있고 그 성읍들은 크고 견고할지라도** 여호와께서 나와 함께 하시면 내가 여호와께서 말씀하신 대로 그들을 쫓아내리이다 (수 14:6-12)

갈렙은 노구를 이끌고 친히 전장에 나가 승리를 거두었다. 그리고 성경은 이때 갈렙이 이긴 자들이 특별히 "아낙 사람"이라는 점을 강조한다(삿 1:20; 수 14:12 모두).

아낙 사람

아낙 사람들은 누구일까? 아낙 사람들이 어떤 이들이었는지는 신명기 2장을 통해 쉽게 알 수 있다.

> 이전에는 에밈 사람이 거기 거주하였는데 아낙 족속 같이 강하고 많고 키가 크므로 그들을 아낙 족속과 같이 르바임이라 불렀으나 모압 사람은 그들을 에밈이라 불렀으며 (신 2:10-11)

신명기 2장을 통해서 알 수 있는 것은 '에밈'이라는 족속은 아낙 족속과 유사한데, 이들의 특성은 '키가 컸다'는 것이다. 여기서 '키가 크다'로 번역한 히브리어는 문자적으로 '높다(히. 룸, רוּם)'라는 뜻이기 때문에 다르게 번역할 여지가 없다. 말 그대로 '물리적으로 키가 큰' 사람들이다. 에밈이나 아낙이나 모두 공통된 특징이 키가 매우 컸다는 것이다.

그리고 신명기 본문은 에밈이나 아낙 같은 사람들을 "르바임"이라고 불렀다고 했는데, 르바임의 원형이 되는 말(히. 라파, רָפָה)은 그 뜻 자체가 '거인'이라는 뜻이다. 즉 르바임은 우리말로 하자면 '거인들'[2]이다.

---

2 르바임은 일반명사로 '거인들'이라는 뜻도 되고, 고유명사로 거인들

성경에는 "르바" 족속으로(창 14:5; 15:20; 수 12:4; 13:12), 르바임을 "삼숨밈"이라고(신 2:20) 한다. 정리해 보면 갈렙이 무찌른 아낙 사람은 일종의 거인족으로, 성경에서 이들은 일반적으로 르바임이라 불린다.

아낙 사람이 거인들이었다는 사실을 생각하면 민수기에서 가나안 땅을 정탐한 정탐꾼들이 하는 말들은 비유나 엄살이 아니다.

> 그곳에 아낙 자손 아히만과 세새와 달매가 있었더라 (민 13:22)

> 그 땅 거주민은 강하고 성읍은 견고하고 심히 클 뿐 아니라 거기서 아낙 자손을 보았으며 (28절)

> 거기서 본 모든 백성은 신장이 장대한 자들이며 거기서 네피림 후손인 아낙 자손의 거인들을 보았나니 우리는 스스로 보기에도 메뚜기 같으니 그들이 보기에도 그와 같았을 것이니라 (32–33절)

아낙 자손은 실제로 거인들이었으며 이스라엘이 자신들을 두고 "메뚜기 같았다"라고 한 것은 단순히 위상이나 기개를 말한

중의 한 족속의 이름이기도 하다.

비유적 표현이 아니라 '실제적인 물리력의 차이'를 말한 것이다.

오늘날 우리 주변에 비정상적으로 큰 사람들이 간혹 있는 (혹은 거인병과 같은 병증으로서) 것과는 다르게, 성경 시대까지만 해도 한 족속 전체가 일반인보다 훨씬 더 큰 족속이 존재하고 있었다. 성경은 이들을 '르바임' 곧 '거인들'이라고 부르며, 갈렙이 정복한 아낙 자손들은 바로 이 '거인들'이었다.

르바임

성경에 나오는 르바임을 조금 더 추적해 보자.

1. 신명기 앞부분에는 이스라엘이 요단강을 건너기 전, 강 동편에 있는 땅들을 정복하는 장면들이 나오는데(강 동편은 정복하여 두 지파 반에게 주어졌다), 여기서 그들이 제압한 왕 중 "바산 왕 옥"에 대한 이야기가 나온다. 신명기 3장 11절은 바산 왕 옥을 이렇게 설명하고 있다.

> 르바임 족속의 남은 자는 바산 왕 옥 뿐이었으며 그의 침상은 철 침상이라. 아직도 암몬 족속의 랍바에 있지 아니하냐 그것을 사람의 보통 규빗으로 재면 그 길이가 아홉 규빗이요 너비가 네 규빗이니라 (신 3:11)

바산 왕 옥은 르바임 족속의 마지막 남은 자였다. 그런데 이 후에도 다른 르바임이 성경에 나오기 때문에, 바산 왕 옥이 르바임의 마지막이었다는 것은 거인족 전체를 지칭하는 용어로서의 르바임을 말하는 것이 아니다. 르바임 중에 '르바임'이라는 이름을 가진 족속이 있었던 것이다. 즉 바산 왕 옥은 모든 거인족 중 마지막 사람이 아니라, 거인족들 중 '르바임'이라는 이름을 가졌던 민족의 마지막 후손이었던 것으로 보인다.

바산 왕 옥에 대한 기술에서 특기할 점은 그의 침대를 소개한다는 점이다. 침대의 크기를 기록할 하등의 이유가 없다는 것을 생각하면 이는 그가 '얼마나 큰 사람이었는가'를 보여주는 데 목적이 있을 것이다. 그의 침대의 크기는 "길이가 아홉 규빗, 너비가 네 규빗"이다.

한 규빗을 보통 45cm라고 볼 때(53cm로 보는 사람들도 있다) 바산 왕 옥의 침대 길이는 약 4m 5cm, 너비는 약 1m 80cm가 된다. 현대에 넉넉하게 두 사람이 잘 수 있는 퀸사이즈 침대가 너비 1m 30-40cm, 길이 2m 10cm 정도인 것을 감안하면 엄청나게 큰 침대임을 알 수 있다. 신명기가 왜 이렇게 큰 침대를 언급한 것일까? 이런 거인을 이스라엘이 쓰러뜨렸다는 것을 알려 주기 위함이다.

이스라엘이 가나안에 들어가기 직전 여리고에 정탐을 보냈을 때 기생 라합은 이렇게 이야기한다.

> 우리가 너희를 심히 두려워하고 이 땅 주민들이 다 너희
> 앞에서 간담이 녹나니 (수 2:9)

오랫동안 농경을 하면서 성벽을 쌓고 힘을 비축한 여리고 사람들이 한낱 유목 민족인 이스라엘을 무엇 때문에 두려워했을까? 라합은 이어서 말한다.

> 이는 너희가 애굽에서 나올 때에 여호와께서 너희 앞에서
> 홍해 물을 마르게 하신 일과 너희가 요단 저쪽에 있는 아
> 모리 사람의 두 왕 시혼과 옥에게 행한 일 곧 그들을 전멸
> 시킨 일을 우리가 들었음이라 (10절)

여리고 사람들이 이스라엘을 두려워한 일은 두 가지 때문이다. 하나는 여호와께서 홍해 물을 마르게 하신 일을 들었기 때문이고, 다른 하나는 이스라엘이 요단 동편의 시혼과 옥을 정복했기 때문이다. 바산 왕 옥이 이렇게 큰 거인족이었다면 이를 무찌른 이스라엘을 두려워하게 된 것은 이상한 일이 아니다.

2. 그리고 또 다른 르바임이 집중적으로 나오는 곳은 사무엘서다. 사무엘상 17장의 골리앗은 주일학교 어린이들도 다 알고 있지만, 골리앗이 단순히 큰 사람이 아니라 거인족이었음을 알고 있는 사람은 흔치 않다. 앞서 말했듯이 성경의 거인들은 일반인

중 독특하게 키가 컸던 한 두 사람을 말하는 것이 아니다. 성경의 거인들은 '거인족', 즉 보통 사람들에게는 '르바임'이라고 불리는 민족들이었다.

골리앗의 키는 사무엘상 17장 4절에 나온다. 성경은 그의 키가 "여섯 규빗 한 뼘"이라고 한다. 한 뼘을 대략 20cm 이상으로 보면 골리앗의 키는 최소 290cm 정도가 된다. 골리앗이 자기 종족들 중 특별히 큰 사람이었다 할지라도, 이 정도라면 자기 종족들은 보통 270cm 정도씩은 되었을 것이다. 그런데 사무엘상 17장에는 골리앗이 거인족으로 소개되지는 않는다. 사무엘상 17장에는 골리앗이 단지 "가드 사람"이라고 되어 있다. '가드'는 블레셋의 큰 도시 중 하나인데, 블레셋 사람들은 모두 거인이 아니었기 때문이다.

그러나 이후 다윗이 블레셋과 전쟁하여 블레셋을 굴복시킬 때 골리앗과 관련한 사람들이 나오는데, 이 사람들은 원문에 모두 '르바임'으로 되어 있다(정확하게는 '라파', 르바임은 라파의 복수형이다). 따라서 골리앗 역시 이들과 같다고 본다면, 우리는 이들 모두가 르바임, 곧 거인족이었다고 결론지을 수 있다. 그리고 왜 "가드 사람" 골리앗이 거인족 중 한 사람일 수 있는지는 여호수아 11장을 보면 알 수 있다.

그 때에 여호수아가 가서 산지와 헤브론과 드빌과 아납과

유다 온 산지와 이스라엘의 온 산지에서 아낙 사람들을
멸절하고 그가 또 그들의 성읍들을 진멸하여 바쳤으므로
이스라엘 자손의 땅에는 아낙 사람들이 하나도 남지 아니
하였고 **가사와 가드와 아스돗에만 남았더라** (수 11:21-22)

그러니까 이스라엘이 가나안을 정복할 때 아낙 사람이 멸절
당했고 가사, 가드, 아스돗에만 이들이 남았다고 했다. 가사, 가
드, 아스돗은 블레셋의 도시이다. 그렇다면 여기 남아 있는 골
리앗과 다른 르바임은 여호수아 시대 때 가사, 가드, 아스돗으
로 피신했던 아낙 자손의 후손들이다. 그리고 사무엘하 21장 뒷
부분에 이 르바임들의 이야기가 나온다.

- 16절에는 "이스비브놉"이라는 사람이 나온다. 삼백 세겔
  무게의 놋창으로 다윗을 죽이려 했는데, 이 절의 시작이
  우리말로는 "거인족의 아들 중에"라고 되어 있다. 원문
  상으로는 우리가 지금 살피고 있는 '르바임'이다. 그는
  거인족이었다.

- 18절에는 "삽"이라는 사람이 나온다. 삽은 후사 사람 십
  브개가 쳐죽였다고 되어 있는데, 이 "삽" 역시 "거인족
  의 아들"이라고 되어 있다. 원문에도 위와 동일하게 '르
  바임'으로 기록되어 있다.

- 19절에는 "골리앗의 동생 라흐미"가 나온다. 라흐미가
  사용하던 창은 "베틀 채 같았다"라고 되어 있다. 크고

무시무시했음을 알 수 있다. 라흐미는 베들레헴 사람 야레오르김의 아들 엘하난이 죽였다고 한다.

- 20절에는 손과 발에 손가락, 발가락이 각각 여섯 개씩 모두 스물넷이 있던 사람이 나오는데, 이 사람 역시 마지막 부분에 보면 "그도 거인족의 소생이라"라고 되어 있다. 마찬가지로 이 역시 원문으로 '르바임'이다. 이 사람은 이스라엘을 능욕하다가 다윗의 형 삼마의 아들 요나단의 손에 죽임을 당했다.

이 장의 마지막 절인 22절에 "이 네 사람 가드의 거인족의 소생이 다윗의 손과 그의 부하들의 손에 다 넘어졌더라"라고 했다. 다윗의 승전, 전쟁의 끝, 블레셋의 궤멸은 '거인족을 죽이는 일'을 통해 완수되었던 것이다.

성경에서 거인의 역할

우리가 성경을 구속역사로 이해하면서 전체를 살필 때, 거인족들에 대한 기록은 한 가지 목적으로 수렴한다. 성경은 취사 선택적 기록, 즉 모든 정보를 다 전달해주는 것이 목적이 아니라 목적으로 하는 사실만을 전달하기 위해 선택된 기록을 우리에게 주고 있기 때문에, 거인족에 대한 언급은 거인족을 설명해 주는 자체에 목적이 있는 것이 아니다. 오히려 구속 역사 안에서의 필요성 때문에 언급된 것이다. 거인족들에 대한 기록은 한 가지 목적을 위한 것이다. 그것은 거인족들은 항상 **'하나님의 백성들에게 정복당한다'**는 것이다. 조금 더 정확하게 말하자면 거인족들은 언제나 '믿음의 사람들에게' 정복당한다.

- 요단강 동편에서 바산 왕 옥은, 비록 크고 무서웠음에도 불구하고 믿음을 가진 이스라엘에게 패한다(뿐만 아니라 신 2:8-12, 17-23을 보면 모압과 암몬이 차지한 지역 또한 원래 거인들의 땅이었다).

- 가나안 땅에 들어갔을 때도 많은 지파가 그 거주민들을 쫓아내는 데 실패했음에도 불구하고 믿음의 사람 갈렙만은 아낙 자손들, 곧 거인족의 후손을 물리친다.

- 골리앗과 싸운 다윗은, 골리앗이 비록 무서운 위용을 갖추고, 크고 장대한 무기를 가졌음에도 불구하고 그를 넘어뜨린다. 다윗은 골리앗과 싸우러 나갈 때 이렇게 말했다.

너는 칼과 창과 단창으로 내게 나아 오거니와 나는 만군의 여호와의 이름 곧 네가 모욕하는 이스라엘 군대의 하나님의 이름으로 네게 나아가노라 오늘 여호와께서 너를 내 손에 넘기시리니 내가 너를 쳐서 네 목을 베고 블레셋 군대의 시체를 오늘 공중의 새와 땅의 들짐승에게 주어 온 땅으로 이스라엘에 하나님이 계신 줄 알게 하겠고 또 여호와의 구원하심이 칼과 창에 있지 아니함을 이 무리에게 알게 하리라 전쟁은 여호와께 속한 것인즉 그가 너희

를 우리 손에 넘기시리라

이 말 후에 다윗은 물매 하나로 블레셋의 거인 장수를 쓰러
뜨린다.

• 그리고 이 다윗의 싸움은 이후 블레셋 안에 남아 있었던
  네 거인 장수를 다윗의 용사들이 쓰러트리는 것으로 마
  감된다. 성경에서 거인족에 대한 언급은 이것이 끝이다.

이스라엘이 가나안을 정복하려 했을 때 왜 '아낙 자손들'이
언급되는가? 그것은 이들이 거인들이었기 때문이다. 정탐꾼들
이 거인들이었던 아낙 자손들을 보았을 때 자신들을 "메뚜기 같
았다"라고 한 것은 날카로운 통찰력이다. 이들은 정확하게 현
실을 인식한 현실주의자들이다. '거인'이란 넘을 수 없는 현실의
벽을 의미하는 것이며, 비할 바 없는 물리력, 전투력의 차이를
의미한다. 이 앞에 "그들이 거인들이며 우리는 메뚜기들이다"라
는 고백이야말로 철저히 현실적이다.

하지만 왜 하나님은 아낙 자손들이 거기 있음에도 불구하고
그 땅을 주겠다고 약속하셨는가? **성경에서 거인들은 항상 '믿음
앞에 쓰러지기 때문'**이다. 왜 갈렙은 육신의 눈으로 볼 때는 어
리석어 보이는 일을 향하여 "이 산지를 내게 주소서!"라고 말하
였는가? 그가 현실주의자의 눈으로 볼 때는 가망 없는 것을 볼

수 있는 또 다른 눈을 가졌었기 때문이다. 사사기는 왜 1장에서 "쫓아내지 못하였으며"의 반복과, 그에 대비되는 "아낙의 세 아들들을 쫓아낸" 갈렙을 비교하고 있는가? 믿음으로 거인들을 쓰러뜨릴 수 있기 때문이다.

성경은 말한다. 가나안 땅은 '약속의 땅'이었지만, 동시에 '거인들이 거주하고 있는 곳'이었다. 그리고 하나님께서 우리에게 아무도 없는 평온한 평지를 주시지 않고 무시무시한 대적인 거인들이 버티고 있는 땅을 주심으로, 우리 믿음의 일생이 무릉도원에서의 삶이 아니라 거친 광야의 전쟁터의 삶이라는 것을 알려 주셨다. 신자의 삶, 교회의 삶에는 언제나 거인들이 있다. 그리고 믿음은 능히 거인들을 쓰러뜨린다! 교회야말로 '거인들을 죽이는 자(Giant-Slayer)'이다.

네피림 : 거인은 언제 나타나는가?

그리고 거인들의 주제에 있어 한 가지 더 기억해야 할 일이 있다. '아낙 자손'을 살필 때, 함께 살피지 않았던 '네피림'에 대해 끝으로 생각해 보자.

앞서 살폈던 민수기 13장의 정탐꾼들의 보고에서 정탐꾼들은 아낙 자손의 거인들을 "네피림 후손"이라고 부른다. 앞의 내용을 충실히 숙지했다면 네피림 역시 거인들이었음을 쉽게 추측할 수 있다. 아니, 오히려 네피림은 아낙 자손들의 "조상"이라 불리고 있으므로 사실은 아낙 자손이나 에밈 족속과 같은 르바임들의 조상이라 할 수 있다. 네피림은 창세기 6장 4절에서 처음 나온다.

> 당시에 땅에는 네피림이 있었고 그 후에도 하나님의 아들들이 사람의 딸들에게로 들어와 자식을 낳았으니 그들은 용사라 고대에 명성이 있는 사람들이었더라 (창 6:4)

창세기 6장의 앞부분은 노아 홍수가 어떻게 이 땅에 임하게 되었는지 이유를 설명하는 부분이다. 네피림은 이 문맥에 나온다. 그리고 창세기 6장 4절의 문장 구조를 보면, "네피림"과 "하나님의 아들들" 곧 경건한 하나님의 백성들이 정확하게 관계 지어져 있지 않다. 문장 구조상 "땅에는 네피림이 있었다"와 "하나님의 아들들이 사람의 딸들을 통해 자식을 낳았다"라는 것은 인과 관계나 관련성으로 묶여지지 않았다.

그러면 왜 하나님의 아들들, 곧 경건한 여자의 후손들이 뱀의 후손들, 곧 불경건한 후손들과 통혼을 통해 타락하는 문맥 속에 군이 네피림이 등장할까? 그것은 6장 4절에 답이 있다. 경건한 자들과 불경건한 자들의 통혼을 통해 태어난 이들이 "용사, 곧 고대에 명성이 있는 사람들"이었기 때문이다. 우리는 어럽지 않게 네피림이 언급된 이유가 네피림이 **고대에 용사들이 었기 때문**임을 짐작할 수 있다.

즉 창세기 6장 4절의 의미는 이것이다. "당시에 땅에 거인들인 네피림이 있었다. 그들은 용사들이었다. 하나님의 아들들이 사람의 딸들과 혼인하자 그들이 아들을 낳았는데, 이 아들들은 네피림들처럼 용사가 되었다."

노아 홍수가 땅에 오게 된 이유를 어떤 사람들은 '세상이 타락했기 때문'이라고 말한다. 하지만 이 대답은 틀렸다. 노아 홍수는 세상이 타락했기 때문에 온 것이 아니다. 세상은 항상 타락해 있으며, 불신자들은 모든 시대에 하나님을 대적한다. 따라서 창세기 6장의 요지는 그것이 아니다. '세상이 타락한 것'이 홍수를 불러온 것이 아니다. **홍수는 '교회가 타락했기 때문에' 온다.**

> 하나님의 아들들이 사람의 딸들의 아름다움을 보고 자기들이 좋아하는 모든 여자를 아내로 삼는지라 (창 6:2)

이 결과가 바로 다음 구절에 나온다.

> 여호와께서 이르시되 나의 영이 영원히 사람과 함께 하지 아니하리니 이는 그들이 육신이 됨이라 (창 6:3)

하나님은 언제 세상을 심판하시는가? 세상이 타락할 때가 아니다. 하나님께서 세상을 더 이상 관망하실 수 없어 멸망시켜야겠다고 결정하시는 때는 세상의 타락한 때가 아니라 교회의 타락한 때이다. 세상의 운명은 교회에 달려 있다.

바로 이때 교회의 모습이 무엇인가? 경건한 자들 곧 교회가 불경건한 자들인 세상과 통혼하게 될 때 그들에게서 누가 태어나는가? 그들에게서 **'네피림과 같은 자들'**이 태어난다. 세상의 눈으로 보면 용사! 곧 **세상의 위대한 이들**이 **'교회와 세상의 통혼을 통해'** 태어나는 것이다.

교회는 '거인을 죽이는 자들'이다. 교회는 '거인들'이 아니다. 하지만 교회가 세상과 통혼하여 하나가 될 때, 즉 가치관을 공유하고, 달려가는 목적이 일치하고, 교회인지 세상인지 외관상으로 별로 분별할 수 없을 때, 바로 그때 **교회는 거인을 죽이는 대신 거인이 된다.** 하나님의 경건한 자들이 그 눈을 높이 들어 하늘에 계신 우리의 주를 바라보는 대신, 땅의 강함을 추구하고, 땅의 번성을 모방하고, 땅의 욕망을 시기할 때, 교회는 '거인을 죽이는 자들'이 아니라 '거인들'이 된다.

네피림은 '세상'이다. 거인들은 '세상의 힘의 결정체'이다. 거인들은 세상 정욕의 최고도요, 신자 아닌 육의 사람이 좇아가는 것들의 상징적 총아이다. 역사 속에서 교회는 언제나 이들과의 연합을 요구받아 왔으며, 교회가 가장 하나님의 뜻에서 멀어졌을 때가 이 세상! 이 힘! 이 권세! 이 풍부! 이 권능이 다름 아닌 교회의 것이 되었을 때였다. 그러나 주께서 말씀하신다.

> 십자가의 도가 멸망하는 자들에게는 미련한 것이요 구원
> 을 받는 우리에게는 하나님의 능력이라 … 하나님의 지
> 혜에 있어서는 이 세상이 자기 지혜로 하나님을 알지 못
> 하므로 하나님께서 전도의 미련한 것으로 믿는 자들을
> 구원하시기를 기뻐하셨도다 유대인은 표적을 구하고 헬
> 라인은 지혜를 찾으나, 우리는 십자가에 못 박힌 그리스
> 도를 전하니, 유대인에게는 거리끼는 것이요 이방인에게
> 는 미련한 것이로되 … 하나님께서 세상의 미련한 것들
> 을 택하사 지혜 있는 자들을 부끄럽게 하려 하시고 세상
> 의 약한 것들을 택하사 강한 것들을 부끄럽게 하려 하시
> 며 하나님께서 세상의 천한 것들과 멸시 받는 것들과 없
> 는 것들을 택하사 있는 것들을 폐하려 하시나니 이는 아
> 무 육체도 하나님 앞에서 자랑하지 못하게 하려 하심이라
> (고전 1:18-29)

아멘! 성경은 믿음이 거인들을 죽일 수 있다고 가르치며, 교
회는 거인들을 죽이는 자이다.

믿음이란

- 철병거를 이길 수 있는 것
- 거인을 죽일 수 있는 것

NAZIRITE

NAZIRITE

2장. 상실의 시대

(1) 사라진 법

종교개혁기에 성찬을 주제로 한 논쟁이 일어났을 때, 개혁자들은 로마 가톨릭의 화체설을 "저주받을 우상 숭배"라고 비난했다 (정확하게는 '미사'를 지칭한 것이지만 의미상 미사의 핵심이 저 화체설에 있기 때문에 사실상 같은 말이다). 화체설을 저주받을 우상 숭배라고 한 것은 우리와 다른 사상을 전파하니까 비난조로 아무 말이나 막 갖다 붙인 것이 아니다. 화체설을 우상 숭배라 한 것은 정확하게 주제에 부합하는 방식으로 말한 것이다.

화체설은 하늘에 계신 우리 주님의 몸이 땅의 물질로 실제로 변한다는 교리이다. 아리스토텔레스 철학에서 사물은 본질과 우유(혹은 우연. accidens, 영어의 accident가 여기서 나왔다)로 이루어져 있는데, 통상의 세계에서 사물은 본질이 그대로이고 우유, 즉 겉으로 보이는 모습이 변한다(H_2O본질가 물/얼음/수증기우유로 변하듯이). 그런데 성찬에서의 떡과 포도주는 유일하게 우유가 그대로이고 본질이 변한다는 것이다. 떡은 그대로이지만 그 속의 본질인 떡이 그리스도의 몸으로 변한다.

루터의 공재설도 이와 본질적인 면에서는 같은데, 루터는 이것을 성육신, 곧 기독론의 문제로 설명했다. 그리스도께서 하나님이시면서 물질인 육을 입으실 수 있었으므로, 그리스도의 성육신의 능력만이 땅의 물질인 떡을 참된 하늘의 것인 그리스도로 바꿀 수 있다고 말이다. 화체설이나 공재설은 모두 땅의 물질이 겉모습만을 유지하고 그 속의 본질은 그리스도의 몸으로 변화된다고(공재설에서는 '함께 있다'고) 믿는 것이다.

개혁자들, 특히 칼뱅 선생님은 이 생각의 본질을 정확하게 읽어냈다. 화체설과 공재설은 결국은 '떡이 그리스도가' 되기 때문에 우리로 하여금 떡이 표상하는 저 높이 하늘에 있는 그리스도를 보지 않고 땅에 있는 이 떡을 숭배하게 만든다는 점을 간파한 것이다. 십계명의 가르침을 따르자면 하나님을 형상화하는 것은 무엇이나 우상 숭배가 된다. 그렇다면 떡에 하나님이 깃들었다고 말하더라도 결국 떡을 숭배하게 되는 것은 사실상 우상 숭배이다. 칼뱅 선생님은 이 점을 정확하게 읽었다. 칼뱅 선생님의 판단이 옳았다는 것은 역사적으로 곧 증명되었다. 수많은 로마 가톨릭 신자가 떡에 실제로 절하기 시작했던 것이다! 정말 화체설은 우상숭배였다.

하늘의 영광을 땅의 배설물로 치환시키는 사람들

로마 가톨릭의 화체설과 주제만 다를 뿐 똑같은 신앙 양상을 가지고 있는 이들이 있는데, 대표적으로 은사주의 계통의 교회들이다. 이들의 신앙생활에서의 주안점은 주로 '땅에서 지복을 얻는 것', 특히 '물질적 부유'와 '육체적 건강(병 고침)'이다. 신앙에 다양한 양상이 있다는 점을 부인할 수는 없으나, 이들의 주된 관심이 여기에 있기 때문에 이런 말이 소위 '싸잡아 비난'은 아닐 것이다. 하지만 정작 예수 그리스도께서 사람들의 병을 낫게 하셨을 때 마태복음은 이 병 고침의 의미를 이렇게 설명한다.

> … 예수께서 말씀으로 귀신들을 쫓아내시고 병든 자들을 다 고치시니 이는 선지자 이사야를 통하여 하신 말씀에 우리 연약한 것을 친히 담당하시고 병을 짊어지셨도다 함을 이루려 하심이더라 (마 8:16-17)

마태복음의 이 언급은 우리가 아주 잘 아는 이사야 말씀을 그대로 인용한 것이다.

> 그는 실로 우리의 질고를 지고 우리의 슬픔을 당하였거늘
> (사 53:4)

마태복음의 "연약한 것"과 "병"이라는 말은 단지 이사야의 말씀을 우리말로 옮기면서 생긴 차이일 뿐 실제로는 똑같은 말이다. "질고"와 "병"은 같은 단어이고(히. 호리) "슬픔"과 "연약한 것" 역시 같은 단어이다(히. 마크오브). 마태복음 8장 17절은 이사야 53장의 직접 인용이다.

그렇다면, 우리가 이사야 53장이 아주 유명한 메시아 본문이라는 것을 알고 있으면서도 이 메시아께서 "우리의 질고를 지고 우리의 슬픔을 당하였다"라는 메시지를 과연 '육체적 질병을 치료하는 분'이라는 식으로 이해할 수 있을까? 이사야 53장을 읽고 거기에서 우리의 **죄의 문제를 궁극적으로 치료하시는 분**을 보지 않고 "놀라운 내/외과 의사가 훗날 도래할 것"이라고 읽는다면 참으로 오독일 수밖에 없는 것이 아닌가!

예수 그리스도께서 이 땅에 오셔서 질병을 고치신 이유는 이사야 53장이 보여주고 있는 그대로다. 그분은 참으로 '**죄로 말미암은 우리의 패악과 연약을 짊어지러 오신 분**'이시기 때문이다. 땅에서의 질병과 귀신들림은 죄의 병폐를 적나라하게 보

여주는 도구이다. 그래서 그분은 메시아시기 때문에 병을 고치셨다. 육체의 병이 궁극적인 목적이 아니라 육체의 병이 보여주는 죄가 궁극적인 목적이다. 그분은 '유능한 의사'가 아니라 '죄를 해결하시는 분'이셨다.

누가복음 4장 또한 이 사실을 여실히 증명한다. 예수님께서는 33절 이하에서 회당의 귀신 들린 자를 쫓아내시고, 38절 이하에서는 열병이 든 베드로의 장모를 고치시며(39절에서 예수님은 병을 "꾸짖으신다." 이는 인격체를 떠올리게 한다. 유다서 1장 9절에서 이 단어는 마귀를 꾸짖는데 사용되었다), 40절에 보면 각색 병으로 앓는 자들이 다 나아왔기 때문에 일일이 그들에게 손을 얹으사 고쳐주셨다. 이 본문에서 예수님은 '말씀으로 하시는' 복음은 한 마디도 전하지 않으셨다. 오로지 하신 일이란 귀신을 내쫓고 질병을 고쳐주신 것뿐이다. 그런데도 그 다음날 예수님은 자신을 떠나지 못하게 하는 이들에게 이렇게 말씀하셨다.

> 내가 다른 동네들에서도 하나님의 나라 **복음을 전하여야**
> 하리니 (눅 4:43)

예수님은 귀신들을 쫓아내시고 병을 고치신 후에 "복음을 전했다"고 하신다. 이는 귀신을 쫓아내거나 병을 고치신 일이, 거기에 목적이 있으셨던 것이 아님을 명백하게 보여준다. 예수님의 참된 목적은 신유나 축사 자체가 아니라, 그것을 통해서 **'하나님의 나라가 임했음을 보여주시는 데'** 있었다.

이사야의 정신 그대로다. 그분은 메시아이시다. 예수님은 귀신을 쫓으시고는 "내가 하나님의 성령을 힘입어 귀신을 쫓아 내는 것이면 하나님의 나라가 이미 너희에게 임하였느니라(마 12:28)"라고 말씀하셨다(축귀와 하나님 나라 임함을 연결하신 것에 주목하라). 질병을 해결하시거나 귀신을 내쫓으신 것은 '죄의 왕국이 물러남'을 보여주기 위한 표식이었을 뿐이다. 이것은 '도구'요 '방편'이며, 하나님 나라의 도래로 인한 '현상'이지, 그 자체가 목적이 아니었다.

하지만 영광스러운 하늘의 것을 바라보라고 손을 뻗었는데 손가락만 쳐다보는 사람들이 있다. 질병의 나음은 하나님의 복음이 죄를 꺾을 수 있다는 것을 알려주기 위한 도구일 뿐인데 거기에는 관심이 없고, TV를 보면서 "여러분! 아픈 곳에 손을 얹고 기도합시다! 주님의 능력이 여러분의 병을 낫게 해 주실 것입니다!"라는 선동에 온통 병이 낫는 데에만 집중하고 있는 사람들이 있다. 이래도 좋고 저래도 좋은 것일까? 그럴 수 없다. 복음이 나타나야 하는 곳에 육의 번성이 나타난다면, 어떻게 거기 옳은 복음이 있다고 말할 수 있는가?

이런 류의 신앙은 궁극적으로 화체설을 믿는 것과 다르지 않다. 화체설을 믿는 자들은 하늘에 계신 영광스러운 그리스도께 연합하려 하지 않고 땅의 떡 조각을 집에 두고 섬기면서 거기에 절하는 자들이다. 은사주의를 믿는 자들 역시 마찬가지다. 이 땅에 내려주신 영광스러운 하늘의 왕국을 소망하며 죄가 물러나고 하나님의 다스림이 나타나는 것을 기대하기보다 육의 소원, 곧 부귀, 영화, 장수를 꿈꾸는 자들이다.

이것은 하늘의 영광을 바울 사도께서 "땅의 배설물"(빌 3:8)이라고 한 것으로 치환하는 일이며, 그리스도의 죽으심과 부활의 신비를 "돈 주고 살 줄(그래서 은과 함께 망할)" 아는 것을 의미한다(행 8:20).[1] 은사주의를 통상 '신비주의'라고 하지만 사실은 신비주의만큼 신비를 추구하지 않는 종교적 행태가 없다. 신비주의의 실체는, 사실은 신비를 원하지 않고 '경험하기' 원하며, 보이지 않는 것 대신 '보이는 것'을 원하기 때문이다. 여기에 참된 신비는 없다.

끊임없이 하늘의 것을 땅으로 치환하는 이들은 모두 교부 아우구스티누스의 다음의 말에 경계를 받도록 하자.

> 그러므로 우리가 나그네여서 고향이 아니고는 행복하게
> 살 수 없다면, 또 나그네 살이 때문에 가련한 신세요 그
> 비참을 끝마치고 고향으로 돌아가기를 절원한다면, 우리

---

1 여기 이를 요청한 이는 시몬이며, 그래서 영어 단어에서 simony는 '성직 매매'를 의미한다.

가 사용하기로 되어 있는 지상이나 바다의 탈 것은 우리가 향유하기로 되어 있는 고향에 도달하기 위해서 이용할 필요가 있다. 만약에라도 행로의 아름다운 경치라든가 탈 것의 움직임이 우리를 유쾌하게 한다 하여 우리가 사용해야 하는 것을 향유하기로 변심한다면, 여행을 빨리 끝내기도 싫어지고 그릇된 감미에 빠져 고향에서 멀어지게 된다. 본국의 감미로움만이 우리를 행복하게 만든다. 그러므로 이 사멸할 인생에서 주님에게서 떠나 살고 있는 우리가 행복한 고향으로 돌아가기 원한다면, 이 세상을 사용해야지 향유하면 안 된다.[2]

왜 헛된 것을 추구하게 되는가?

왜 인생은 하늘의 영광 대신 땅의 헛된 것을, 그리스도의 복음의 영예 대신에 땅의 배설물을 추구하는 것일까? 궁극적인 대답은 그가 섬기는 하나님이 **성경의 하나님이 아니기 때문**이다. 그리고 인류 역사와 성경의 시대를 숙고해 보면 언제나 인류는 이 방향을 향해 달려가곤 했었음을 알 수 있다.

아모스는 북이스라엘이 최고의 전성기를 구가하던 시대에 살았다. 정치나 경제나 외교력에서 여로보암 2세의 시기는 제2의 솔로몬의 시대라 할 만큼 최고를 구가하던 시대였다. 하지만

2　아우구스티누스, 『그리스도교 교양』, 제1권, IV. 4. "사용"과 "향유"를 구분하여 보라.

아모스는 말한다.

> 내가 기근을 땅에 보내리니 양식이 없어 주림이 아니며
> 물이 없어 갈함이 아니요 여호와의 말씀을 듣지 못한 기
> 갈이라 사람이 이 바다에서 저 바다까지 북쪽에서 동쪽까
> 지 비틀거리며 여호와의 말씀을 구하려고 돌아다녀도 얻
> 지 못하리니 그 날에 아름다운 처녀와 젊은 남자가 다 갈
> 하여 쓰러지리라 (암 8:11-13)

이스라엘은 종교 국가였기 때문에 나라의 융성은 반드시 종
교적 번영과 연결된다. 소위 잘나가던 시절에 종교적 번영이 없
었을 리가 없다. 하지만 넘치는 종교적 행사와 쏟아지는 설교
속에서도 하나님의 참된 말씀은 찾아볼 수 없었다. 기갈의 시대
였다. 즉 아모스의 시대는 하나님이 많으나 하나님이 없는 시대
였다. 어떻게 이런 일이 가능하다고 아모스가 이야기하고 있는
가? **말씀의 부재가 거짓 하나님들을 양산해 낸다!**

이사야는 제일 첫 장에서 사람들이 무수히 하나님께 나아오
지만 동시에 그것이 얼마나 역겨운 일인지를 말씀한다.

> 너희의 무수한 제물이 내게 무엇이 유익하뇨 나는 수양의
> 번제와 살진 짐승의 기름에 배불렀고 나는 수송아지나 어
> 린 양이나 수염소의 피를 기뻐하지 아니하노라 너희가 내
> 앞에 보이러 오니 그것을 누가 너희에게 요구하였느뇨 내
> 마당만 밟을 뿐이니라 헛된 제물을 다시 가져오지 말라

분향은 나의 가증히 여기는 바요 월삭과 안식일과 대회로
모이는 것도 그러하니 성회와 아울러 악을 행하는 것을
내가 견디지 못하겠노라 (사 1:11-13)

하나님께 드리는 제사와 제물을 견디지 못하시는 하나님!
성회와 아울러 악을 행하는 것을 견디지 못하겠노라고 말씀하
시는 하나님!

하나님의 말씀은 하나님 그분이시다. 말씀을 업신여기는
것은 하나님 그분을 업신여기는 것이다. 하나님은 우리 사람의
'말'이 그 '내용'과 결합되어 있는 것보다 훨씬 더 강력하게 '그분
의 말씀과 결합되어' 계신다. 왜냐하면 성경은 '말씀이 곧 하나
님'이라고 가르치고 있기 때문이다(요 1:1).

그러므로 하나님의 말씀이, 하나님의 법이 사라진 곳에 하
나님은 계시지 않는다. 왜 인생이 하나님을 말하면서도 헛된 것
을 추구하는가? 거기에 하나님이 없기 때문이다. 왜 거기에 하
나님이 계시지 않는가? 그분의 말씀이 없기 때문이다. 즉 **법의
상실은 하나님 상실**이다.

고통이 무엇인가? 그리고 고통의 시대는 어떤 시대인가? 사
람들에게 고통이 무엇인지를 물으면 '삶의 어려움'을 보통 떠올
린다. "무언가가 필요한데 재물이 없다, 해야 할 일이 있는데 권
력이 없다, 사람들 사이에서 갈등 관계에 있다, 이루려고 하는
꿈이 있지만 앞이 보이지 않는다, 질병에 걸려 어려움 중에 있

다, 나아가서는 누군가가 죽어 헤어지게 되었다." 보통 우리는 이런 것들을 고통이라고 한다.

그러나 신자들에게 진정 이런 것들이 고통일까? 사업이 잘 풀리지 않지만, 사실은 그것이 하나님께서 우리를 경성케 하기 위한 방편일 때에도 그것이 고통일까? 건강하지 않지만, 사실은 그것이 하나님을 더욱 생각토록 하기 위해 하나님께서 주시는 연단의 도구일 때도 그것이 고통일까? 사람들과 생긴 갈등이 실은 이웃을 더욱 사랑하게끔 하시기 위한 하나님의 훈련일 때에도 그것이 고통일까? 신자에게 진짜 고통은 단순히 '삶의 어려움'이 아니다.

신자에게 진정한 고통은 하나님이 거기 계시지 않는 것이요 하나님으로부터 떠나 있음에도 삶이 융성한 것이요 하나님을 잊어버렸는데도 적당히 잘 사는 것이다. 하나님을 향한 마음이 온통 땅의 것들로만 충만해져서, 진짜 복음이 사라져 버렸을 때가 진정한 고통의 시대이다. **하나님이 계시지 않는데도 하나님으로 충만한 시대**, 하나님의 참된 말씀은 사라지고 그 자리에 복음의 신비를 치환한 땅의 것이 가득한 시대, 이런 시대가 고통의 시대이며, **이런 고통의 시대는 반드시 '법의 부재', 즉 '말씀의 부재'로부터 기인한다.** 말씀이 부재하기 때문에 하나님이 어떤 분이신지 모르게 되는 것이요, 하나님이 누구신지 모르기 때문에 땅의 배설물이 하나님인 양 여기게 되는 것이다.

사사기는 우리에게 사사 시대야말로 바로 이 '법의 상실로 인한 하나님 상실의 시대'였음을 보여주고 있다. 그리고 우리는 이 '표본적 하나님 없음의 시대'를 통해서 바로 지금 내가 살아가고 있는 여기가 고통의 시대가 아닌지 살필 수 있어야 한다.

미가: 법의 상실이 어떻게 거짓 신을 만드는가?

사사기는 연대순으로 정렬된 책이 아니다. 사사기가 그나마 연대순으로 정렬된 것은 16장, 삼손의 이야기까지이다. 17장부터 21장까지는 보통 사사기의 '부록'이라고 불리는데, 이 부록에서는 사사 시대 전체를 특징지을 수 있는 두 가지 사건을 소개함으로써 사사 시대를 정의하고 있다. 그리고 그 첫 이야기가 미가의 이야기이다.

미가는 어머니의 은 일천일백을 훔침으로써 다섯째 계명("부모를 공경하라")과 여덟째 계명("도둑질하지 말라")을 동시에 어기고, 한참 동안을 이 사실을 숨김으로써 아홉째 계명("거짓 증언하지 말라")도 어겼다. 그런데 미가의 어머니는 이 사실을 듣고 이렇게 말한다. **"내 아들이 여호와께 복 받기를 원하노라!"**

나는 가끔 기독교 방송을 보면서 거기 나오는 사람들은 "축복합니다."라든가, "은혜에 감사합니다."와 같은 말밖에 하지 못하는 사람들 같다는 생각을 종종 한다. 예를 들면 이런 식이다.

청취자: "우리 아이가 어제 마트에서 장난감을 안 사준다
고 세 시간을 울어댔는데, 장난감을 사주었더니
결국 그쳤어요!"

M.C: "할렐루야! 아이의 마음을 움직이신 하나님을 찬양
합니다!"

아이가 마트에서 장난감을 안 사준다고 세 시간을 울었다면
상으로 장난감을 받는 대신 호되게 혼이 나야 한다. 거기다가
"하나님의 은혜"나 "축복"을 갖다 붙이는 것은 '거짓말'이거나 '직
무 유기'에 해당한다.

미가의 어머니가 이와 같았다. 그 어머니의 입장에서 아들
은 여호와의 율법을 멸시하고, 하나님의 계명을 어겼으며, 심지
어 그 사실을 통탄해하지도 않는 '악한 아들'이었다. 하지만 미
가의 어머니는 그렇게 생각하지 않았다. 도리어 그녀는 말한다.
"내 아들이 여호와께 복 받기를 원한단다!" 이런 종류의 삶을 성
경이 무엇이라고 평가하는가? 미가의 이야기가 나올 때 바로 이
말씀이 등장한다.

그때에는 이스라엘에 왕이 없었으므로 사람마다 자기 소
견에 옳은 대로 행하였더라 (삿 17:6)

이 구절은 사사기 부록의 요절이면서, 부록이 사사 시대 전

체를 보여주기 때문에 사사기 전체의 요절이기도 하다. 이 구절은 부록에서 거의 매 장 나온다(17:6, 18:1, 19:1, 21:25). 이스라엘에는 왕이 없었고, 그래서 사람마다 자기 소견에 옳은 대로 행했다.

"왕이 없었다"라는 말은 정치 체제에 대한 이야기일까? 아니다. 사무엘상에 보면 이스라엘 백성들이 사무엘에게 왕을 세워달라고 이야기했을 때 하나님의 반응이 나온다.

> 여호와께서 사무엘에게 이르시되 백성이 네게 한 말을 다 들으라 이는 그들이 너를 버림이 아니요 **나를 버려 자기들의 왕이 되지 못하게** 함이니라 (삼상 8:7)

이 말씀의 의미는 이스라엘은 언제나 왕정국가였다는 것이다. 이스라엘은 사울과 다윗의 시대에 와서 비로소 왕정국가가 된 것이 아니다. 그건 정치 시스템에서 그랬을 뿐, 이스라엘은 언제나 왕정국가였다. 이스라엘에게는 항상 '하나님'이라는 왕이 계셨다. 그러나 사무엘의 시대에 이스라엘이 원했던 것은 그 하나님 같은 왕이 아닌, "열방과 같은 왕"(삼상 8:20)이 다스리는 왕정국가였다.[3] 즉 이스라엘은 하나님이 왕이 되시는 것을 거절

---

3 이 구절에서 이스라엘 백성들은 "우리도 열방처럼 되어야겠소"라고 말한다. 이에 대해 3장 (2) 사사 시대의 종결자, 나실인에서 더 자세히 해설했다.

했다.

사사기의 요절의 의미가 무엇인가? "사람이 자기 소견에 옳은 대로 행한다"는 것은 "하나님이 이스라엘의 왕이 아니다"라는 뜻이다. 왕의 나아갈 길은 신명기에 의하면(왕정시대가 이르기 훨씬 전인 신명기에서 이미. 17장 14절 이하) 군사력도 의지하지 말고(말을 많이 두지 말 것), 외교력도 의지하지 말고(아내를 많이 두지 말 것), 자본력도 의지하지 말고(은금을 쌓지 말 것), 오직 "율법서를 곁에 두고 평생에 읽어, 지켜 행하는 것"(신 17:18-19)이다. 하나님이 이스라엘의 왕이 되신다는 것은 그분의 말씀을 준행한다는 의미이다. 그러나 사사 시대는 정반대의 시기였다. 하나님의 말씀은 땅바닥에 떨어졌고, 모든 사람이 각각 자기가 자기에게 율법이 되었다. 사사기의 요절은 바로 이 점을 지적한다. "사람들이 각기 자기 소견에 옳은 대로 행했다"는 것은 다르게 말하자면 **"사람들이 각기 저마다 스스로에게 왕이 되었다"**는 것이다. 그러므로 이 말씀이야말로 사사 시대가 무엇의 시대였는지를 정확하게 지적한다.

미가와 그의 어머니는 정확히 이 사실을 보여준다. 미가의 어머니는 미가가 어쩔 수 없이 포기한 은을 다시 아들에게 주면서 그 돈으로 "한 신상을 부어 만들기 위해 내 손에서 이 은을 여호와께 거룩히 드리노라"(17:3)라고 말한다. 미가 어머니의 특징은 하는 말마다 여호와가 등장한다는 것이다. 참으로 신실한(?)

사람이다! 하는 말마다 여호와가 나오니 말이다! 그러나 일곱 살짜리 아이만 되어도 "여호와를 섬기기 위해 신상을 부어 만든 다"라는 말은 성립될 수가 없는 말이라는 것을 알고 있다. 이스라엘의 하나님 여호와는 형상으로 빚어지는 것을 미워하는 신이시다. 그러나 미가의 어머니는 거침없다. 자신이 하나님을 위해 신상을 만들고 싶으니, 하나님은 좋든 싫든 영광을 받으셔야만 한다!

이어서 미가는 이 은으로 만든 신상을 자신의 신당에다 두고 '에봇'과 '드라빔'을 만든 후, 아들 하나를 세워 제사장을 삼는다 (5절). 그야말로 제멋대로다! 법을 망각한 교회는 무섭고 두렵다! 율법을 따라 하나님을 섬기는 장소는 하나님이 정하신다. 이스라엘이 이 가나안 땅에 들어오려고 할 때 신명기에서 하나님은 **'자신이 정하신 한 곳'에 계실 것임**을 거듭 말씀하셨다.

> 너희가 쫓아낼 민족들이 그들의 신들을 섬기는 곳은 높은 산이든지 작은 산이든지 푸른 나무 아래든지를 막론하고 그 모든 곳을 너희가 마땅히 파멸하며 그 제단을 헐며 주 상을 깨뜨리며 아세라 상을 불사르고 또 그 조각한 신상 들을 찍어 그 이름을 그 곳에서 멸하라 너희의 하나님 여 호와께는 너희가 그처럼 행하지 말고 오직 너희의 하나님 여호와께서 자기의 이름을 두시려고 너희 모든 지파 중에 서 택하신 곳인 그 계실 곳으로 찾아 나아가서 너희의 번 제와 너희의 제물과 너희의 십일조와 너희 손의 거제와

너희의 서원제와 낙헌 예물과 너희 소와 양의 처음 난 것
들을 너희는 그리로 가져다가 드리고 (신 12:2-6)

너는 삼가서 네게 보이는 아무 곳에서나 번제를 드리지
말고 오직 너희의 한 지파 중에 여호와께서 택하실 그 곳
에서 번제를 드리고 또 내가 네게 명령하는 모든 것을 거
기서 행할지니라 (신 12:13-14)

이 두 말씀 사이에 이 말씀이 들어있다.

우리가 오늘 여기에서는 **각기 소견대로 하였거니와** 너희
가 거기에서는 그렇게 하지 말지니라 (신 12:8)

"각기 소견대로 하였거니와!", "거기에서는 그렇게 하지 말
지니라!" 놀랍게도 신명기에 사사기의 요절이 등장한다. **성소
를 제멋대로 정하는 것이 "자기 소견대로 행하는 일"**이라는 것
이다. 하나님이 어디에 계실지는 하나님이 정하신다. 그러므로
'그 장소'에 대해 말씀하실 때 하나님께서는 "각기 소견대로" 하
지 말라고 이미 말씀하셨다.

그러나 미가가 행하는 일은 적확하게 그 신명기의 지적대로
다. 미가는 '임의로' 예배의 처소를 정했다. 그리고 '임의로' 하나
님의 전에 있어야 할 성물인 '에봇'과 '드라빔'을 제작했다. 하나
님은 제사장을 레위 지파 중 아론 자손이 세습하도록 정하셨지
만, 미가는 '임의로' 자기 아들을 제사장으로 세운다.

사사기는 두 부록을 통해서 사사 시대가 무엇인지를 분명하게 보여준다. **고통의 시대의 첫 면모는 '하나님 상실'**이다. 그리고 하나님 상실은 **'법의 상실', 즉 말씀의 부재로부터** 온다. 미가와 그의 어머니의 이야기는 하나님을 말하면서 제멋대로인 모습을 통해서 '이스라엘에 왕이 없으면 어떻게 사람들이 각각 스스로 왕이 되는지를' 아주 전형적으로 보여주고 있다. 그리고 이 이야기는 모든 시대의 교회에게 경고한다. 어떤 시대이든 교회와 그 구성원이 미가와 그의 어머니와 같다면, 그 시대는 고통의 시대 곧 사사 시대일 것이라고 말이다.

(2) 붕괴된 요셉

디트리히 본회퍼는 『신도의 공동생활』(*Gemeinsames Leben*)에서 "우리의 의란 '낯선 의(fremde Gerechtigkeit)', 즉 우리 밖에서 (extra nos) 오는 의"라고 하면서, "하나님은 우리가 그분의 살아계신 말씀을 형제의 증언에서, 즉 사람의 입에서 찾기를 원하신다. 따라서 그리스도인은 하나님의 말씀을 들려주는 다른 그리스도인을 필요로 한다."라고 하였다.[4] 본회퍼는 이 책 전체에서

---

4 디트리히 본회퍼, 『신도의 공동생활』, 정지련, 손규태 옮김 (서울: 대

계속해서 성도의 교제를 '사람과 사람의 만남'이어서는 안 되고, '그 사이에 그리스도가 항상 중재되어 있는 만남'이어야 함을 강조하는데, 그 이유는 앞의 인용에 있다. 하나님은 우리가 이웃을 통해 하나님을 보기를 바라셨기 때문에 이웃을 사랑해야 한다는 것이다.

예수님은 십계명을 해설하실 때 두 번째 돌판을 말씀하시면서 "둘째도 그와 같으니"(마 22:39)라고 말씀하셨다. 이는 "네 이웃을 네 몸과 같이 사랑하라"라는 말씀이 "네 하나님을 사랑하라"와 같은 무게여야 한다는 뜻이다. 하지만 이웃 사랑이 결코 하나님 사랑과 같을 수 없다는 다른 성경의 가르침을 함께 생각해 보자면(마 10:36 "사람의 원수가 자기 집안 식구리라"), 예수님의 이 가르침은 반드시 '이웃 사랑'이 '하나님 사랑'으로부터 기인하고 있음을 보여준다. 적어도 그리스도인에게는 **이웃 사랑이 독립되어 있지 않다.** 이웃 사랑은 항상 하나님 사랑과 붙어 있는 것이다. 따라서 거꾸로 말해도 이것은 진실이다. "이웃 사랑으로 증거가 드러나지 않는다면 그의 하나님 사랑은 거짓이다."

이것이 요한일서가 "누구든지 하나님을 사랑하노라 하고 그 형제를 미워하면 이는 거짓말하는 자니 보는 바 그 형제를 사랑

한기독교서회, 2010), 26.

치 아니하는 자가 보지 못하는 바 하나님을 사랑할 수 없느니라"(요일 4:20)라고 말씀하고 있는 이유이며, 예수님께서 "내가 진실로 너희에게 이르노니 너희가 여기 내 형제 중에 지극히 작은 자 하나에게 한 것이 곧 내게 한 것이니라"(마 25:40)라고 말씀하신 이유이고, 디모데전서가 "누구든지 자기 친족 특히 자기 가족을 돌아보지 아니하면 믿음을 배반한 자요 불신자보다 더 악한 자니라"(딤전 5:8)라고 말씀하고 있는 이유이다.

교부 아우구스티누스는 '이타(利他)'를 두 가지 방식으로 말한다. "자신과 자기 몸을 사랑하는 데는 계명이 필요 없으므로 … 나머지, 즉 우리 위에 있는 것과 우리 곁에 있는 것에 관해서는 계명을 받게 되었다."[5] 여기에서 "나머지, 즉 우리 위에 있는 것과 우리 곁에 있는 것"이란 각각 '하나님'("우리 위에 있는 것")과 '이웃'("우리 곁에 있는 것")을 가리킨다. 스스로를 사랑하는 데는 계명이 필요 없으므로(계명 없이도 본성적으로 스스로를 사랑하니까) 하나님을 사랑하라는 것과 이웃을 사랑하라는 것은 계명으로 주셨다는 설명이다. 그러므로 이 둘, 곧 하나님 사랑과 이웃 사랑은 그야말로 **그리스도인의 사랑의 '두 방향'**이며, 이때 이웃 사랑은 항상 하나님 사랑을 반향(反響)한다.

---

5 아우구스티누스, 『그리스도교 교양』, 성염 옮김 (왜관: 분도출판사, 1989), I. 26. 27.

앞에서 말한 대로 사사기에는 두 개의 부록이 있다. 첫 번째 부록인 미가와 그의 어머니의 이야기는 '하나님 사랑의 상실'에 관한 이야기다. 사사 시대는 법이 망각되었으므로 하나님이 잊혀진 시대였다. 그리고 두 번째 부록은 한 레위인과 그의 첩의 이야기와 어떻게 베냐민 지파가 궤멸되었는지를 보여주는 이야기다. 이 두 번째 이야기가 율법의 두 번째 돌판인 '이웃 사랑의 상실'에 대한 이야기다. 사사 시대, 곧 고통의 시대는 언약의 두 돌판, 하나님 사랑과 이웃 사랑이 파괴된 시기였다.

사사 시대가 죄로 가득한 시대였던 이유는, 언제나 죄의 만연은 하나님 사랑과 이웃 사랑이라는 두 돌판의 상실을 가져오기 때문이다. 그래서 하이델베르크 교리문답에 보면 비참을 설명할 때 인생이 죄로 말미암아 비참한 이유는 우리가 "하나님의 율법이 요구하는 바"인(2주일 4문답) 하나님 사랑과 이웃 사랑을 갖고 있지 않기 때문이라고 말한다.

> 5문: 당신은 이 모든 것을 온전히 지킬 수 있습니까?
> (바로 앞의 4문답에 '하나님 사랑'과 '이웃 사랑'이 나온다.)

> 답: 아닙니다. 나에게는 본성적으로 하나님과 이웃을 미워하는 성향이 있습니다.

요셉이 보여주는 교회의 구축

창세기를 교회 중심적으로 읽는 시도는 많지 않지만, 창세기의 족장들의 역사가 하나님께서 **아브라함에게 주셨던 언약이 이루어져 가는 과정**을 보여주고 있다는 점을 잘 이해한다면 결국 창세기의 마무리는 교회 중심적으로 마쳐져야 한다. 왜냐하면 아브라함 언약의 첫째 항목인 '자손의 번성'(혹은 교회의 형성)이 애굽 안에서 이루어진 후에야 '출애굽'을 통해서 둘째 항목인 '약속의 땅을 얻는 것'으로 나아갈 수 있기 때문이다. 즉 창세기의 마지막은 첫째 언약이 성취될 수 있는 기틀이 어떻게 마련되었는가를 마무리해야만 하는 것이다.

그렇다면 창세기의 마지막 족장 요셉의 역할은 바로 여기에 있다. 즉 요셉의 구속사적 역할은 '교회의 구축'이었던 것이다. 그리고 **요셉의 교회 구축은 두 가지 방향에서** 이루어진다. 첫째는 '교회의 보존'이요, 둘째는 '형제 사랑'이다.

1) 교회의 보존

요셉에 대한 흔한 오해는 그가 '비전의 사람'이거나 '애굽에서 총리가 된 성공한 그리스도인의 모델'이라는 것이다. 하지만 이런 류의 모범적 성경 이해는 반드시 낭패를 겪게 된다. 왜냐하면 성경이 실제로 강조하고 있는 다른 부분과 이것이 도무지 맞지 않기 때문이다. 나무 대신 숲을 보는 능력을 가지게 되면 그때부터는 이런 식의 모범적 해석이 결코 전체 성경의 그림과 어울리지 않는다는 것을 깨닫게 된다.

먼저, 요셉은 교회가 생존의 위기에 빠졌을 때 '교회의 보존자'로 나타난다. 요셉은 형제들과의 실랑이 후에 마지막으로 자기 정체를 털어놓을 때 이렇게 말한다.

> 당신들이 나를 이곳에 팔았다고 해서 근심하지 마소서 한
> 탄하지 마소서 하나님이 생명을 구원하시려고 나를 당신
> 들보다 먼저 보내셨나이다 (창 45:5)

언제부터 요셉이 스스로 자신의 구속사적 위치를 깨달았는지는 알 수 없지만 적어도 총리로 형제들을 만나기 전 이를 확실히 알고 있었다. 그 이유는 그가 형제들에게 자신이 애굽에 팔린 것이 "하나님이 생명을 구원하시려고 자신을 애굽에 보내신 것"이라고 말하기 때문이다. 요셉은 분명 자신이 애굽의 총리가 된 것이 **'입신양명'의 견지가 아니라 '교회의 보존'임을** 확실하게 알고 있었다. 따라서 우리가 창세기에서 요셉을 제대로 읽으려면 그가 이런 방식으로 살아왔고 또 살고 있다는 것을 인식하는 가운데 읽어야 한다. 다른 방식의 요셉 읽기는 구속사적으로 반드시 실패한다.

그러면 요셉은 어떤 방향에서 교회를 보존하는가? 요셉의 교회 보존에는 두 가지 방향이 있다. 첫째, '기근으로부터의 보호'이다. 우리가 잘 아는 대로 요셉의 시대에는 기근이 있었다. 요셉은 보디발의 아내 문제로 감옥에 갇혔지만 떡 맡은 관원장과 술 맡은 관원장을 통해 꿈을 해석하고 바로의 궁에 등극한다. 요셉은 장차 있을 기근을 예언했고, 이로 말미암아 바로의 총애를 받아 총리가 되었다. 기근은 실제로 일어났고 이는 당시 온전히 유형적 교회로 형성되지 못했던 야곱의 가족들에게도 타격을 주었다. 그들 또한 양식을 얻으러 애굽으로 온다. 요셉이 아니었더라면 야곱의 가족들 역시 양식이 없는 실제적인 문제에 부딪혔을 것이다. 요셉은 '양식 없음'이라는 교회의 당면한 위기를 해결해주는 역할을 했던 것이다.

하지만 더 중요한 둘째 방향이 함께 있다. 그것은 **'혼합의 위기로부터의 보호'**이다. 창세기에서 요셉은 37장에 처음 등장하는데, 여기에 묘한 문학적 트릭이 있다. 37장은 요셉의 이야기인데 이어지는 38장을 보면 갑자기 유다와 며느리 다말의 이야기가 나오고 39장에서 다시 요셉의 이야기가 연결된다. 사실 자연스런 연결을 생각하려면 37장 마지막 절인 "그를 애굽에서 바로의 신하 친위대장 보디발에게 팔았더라"(창 37:36) 바로 다음에 39장의 첫 절인 "요셉이 이끌려 애굽에 내려가매 바로의 신하 친위대장 애굽 사람 보디발이 그를 그리고 데려간 이스마엘 사람의 손에서 요셉을 사니라"(창 39:1)가 연결되는 것이 자연스럽다. 왜 38장이 삽입되었을까?

이것이 문학적 장치임을 생각한다면 38장은 37장부터 등장하는 요셉의 정체성을 보여주기 위한 것이다. 38장의 유다와 다말 이야기는 장차 예수님이 태어나야 할 조상이 되는 유다가 '자기 스스로' 가나안 여자에게 내려가서 동침하고 아들을 낳은 이야기이다. 교회가 자의로 이방 통혼을 선택했다! 당시 가나안 땅에 살고 있던 야곱의 가족들은 그보다 앞선 34장에서 야곱의 딸 디나가 히위 족속 하몰의 아들 추장 세겜에게 강간당한 위협을 겪게 되는데(역시 혼합의 위험이되 자발적이 아닌 환경으로부터의 위험), 이제 38장 정도의 시기에 오게 되면 '위협을 당하여 강간을 당한' 것이 아니라 '제 발로 스스로 가나안 여자에게 내려가' 자식을 낳을 지경이 되었던 것이다. 그야말로 '가나안 사람과의 통혼의 문제', '섞임의 문제', 기근보다 오히려 이런 혼합을 통해 교회가 사라질 위기가 그들에게 있었던 것이다.[6]

따라서 요셉이 교회, 곧 야곱의 가족들을 보존하는 데에는 기근보다 더 중요한 둘째 문제인 '교회의 순수성의 보존'이라는 문제가 있었다. 요셉은 야곱 가족들이 애굽 땅에 왔을 때 애굽

---

6 교회가 혼합을 통해 거인이 되는 것은 이 책의 1장 "(2) 아낙 사람을 몰아내지 못함"을 참고하라.

사람들이 다 목축을 가증히 여긴다는 것을 알고도 고의적으로 자신들이 목축을 한다는 사실을 알리라고 한다(창 46:34). 처음 만나는 총리의 가족들이 나쁜 직업을 가졌음을 일부러 강조할 필요가 없지 않은가! 그러나 이렇게 함으로써 요셉은 의도적으로 야곱의 가족들을 애굽 사람들과 분리된 땅 고센에 정착하도록 도모한다. 통혼의 위험이 있었던 가나안을 떠나 애굽으로 왔어도, 다시 애굽 사람들과 섞여 버린다면 탈출해온 의미가 없어지기 때문이다.

그러므로 창세기에서 요셉의 위치는 철저하게 '구속사적'이다. 요셉의 구속사적 위치는 아브라함의 둘째 언약인 땅을 차지하는 것 이전, 곧 첫째 언약인 자손이 많아지는 것, 그러니까 '교회를 형성하는 것'이었다. 출애굽 전의 상황을 위해 교회를 그때까지 보존하는 것이야말로 요셉의 구속사적 사명이었다. 이것이 창세기 마지막 부분의 주제이며, 요셉은 이러한 자신에게 맡겨졌던 임무를 신실하게 수행한 하나님의 종이었다.

2) 형제 사랑

그러나 요셉의 교회 구축의 사명은 이러한 '교회의 보존'만이 아니었다. 요셉의 역할은 단지 교회의 수적 증가를 위한 적당한 토양을 마련해주고, 거기로 사람들을 이주시키는 것만이 아니었다는 말이다. 요셉의 구속사적 입지는 그야말로 출애굽 전의 교회 구축에 있었기 때문에, 그는 단지 교회가 수적으로 자랄 수 있도록만 한 것이 아니라 교회가 제대로 '교회 될 수 있는' **또 다른 토양도** 함께 마련한다. 이것이 창세기를 읽은 수많은 성도가 그 이유를 잘 알 수 없었던(심지어 분량도 많이 차지하는!) 요셉이 자신의 형제들을 계속하여 시험하는 이유이다. 즉 요셉의 교회 구축을 위한 두 번째 역할은 교회가 내부적으로 **'형제애'를 가지도록 하는 것**이었다. 이를 사도신경의 표현대로 말하자면 '교회 곧 성도의 교제'이다.

기본적으로 야곱의 아들들은 교회의 근간이 되는 열두 지파의 조상이 될 사람들임에도 교회로서의 토양을 잘 갖추지 못한 이들이었다. 그들이 증오로 형제 중 하나인 요셉을 애굽에 팔았던 것이 그 근거이다(처음에는 죽이려 했다)!

교회는 '형제 사랑'이라는 토양 위에 이루어진다. 후일에 이스라엘이 가나안 땅을 정복할 때의 장면을 생각해 보자. 르우벤 자손과 갓 자손과 므낫세 반 지파는 요단강을 건너기도 전에 요단 동편에서 이미 자신들의 분배받은 땅을 차지했다. 그래서 엄밀히 말하면 이 두 지파 반의 사람들은 강을 건너가서 피를 흘려가며 정복 전쟁을 할 '실질적인 이유'가 없었다. 하지만 모세는 신명기 3장에서 이 두 지파 반에게 직접 명령하여 정복 전쟁에서 빠지지 못하게 한다. 교회는 본질적으로 공동체적이며, 따라서 **교회의 안식 구현은 '나 혼자' 잘 살게 되는 것으로 오지 않기 때문**이다.

> 여호와께서 너희에게 주신 것 같이 너희의 형제에게도 안식을 주시리니 그들도 요단 저쪽에서 너희의 하나님 여호와께서 그들에게 주시는 땅을 받아 기업을 삼기에 이르거든 너희는 각기 내가 준 기업으로 돌아갈 것이니라 하고 (신 3:20)

"너희에게 주신 것 같이 너희의 형제에게도!" 교회가 서고 안식이 구현되는 것은 결코 개개인이 따로따로 하나님을 만나는 것과 같은 일로 올 수 없다는 것이 이 말씀에 잘 나타난다. 교회라는 것은 다른 말로 표현하면 '형제를 사랑하는 것'이다. 그래서 사도신경은 헬라어 판에서도 라틴어 판에서도 "나는 교회를 믿습니다"의 같은 줄에 "성도의 교제"가 붙어 있다. 이 의미를 실어 번역하자면 "나는 교회, 곧 성도의 교제를 믿습니다"이다. 교회는 실로 '성도의 교제'이다.

그리고 과연 요단강을 건너 가나안 땅에 들어갈 때, 이 두 지파 반의 사람들은 실제로 무리 중에 동참하였으며, 이들이 다른 모든 이스라엘 자손들 '가장 앞에' 서 있었다는 것은 굉장한 감동을 준다.

> 르우벤 자손과 갓 자손과 므낫세 반 지파는 모세가 그들

에게 이른 것같이 무장하고 이스라엘 자손들보다 앞서 건
너갔으니 (수 4:12)

하지만 이들의 조상이 되는 야곱의 열두 아들들은 전혀 그
렇지 않았다. 이들은 형제 중 한 명인 요셉을 시기 질투하여 죽
이려 할 지경의 부실한 형제애를 갖고 있었다. 그렇다면 이들이
이 상태 그대로 좋은 환경으로 건너가 숫자만 많아진다고 해서
제대로 된 교회가 세워질 수 있을 리 만무하다. 요셉의 교회 구
축의 두 번째 역할은 바로 이것이었다.

요셉은 치밀하고 끈질기게 계속해서 요셉 자신과 한 배에서
나온 아들인 베냐민을 향하여 나머지 형제들이 형제 사랑을 갖
고 있는지를 확인하려고 한다. **베냐민을 사랑한다는 것은 형제
들의 요셉을 향한 적대감이 극복되었음을 시사하기 때문**이다.
요셉이 행하는 모든 시험의 목적이 바로 여기에 있다.

요셉은 형제들이 양식을 사기 위해 처음 애굽을 방문했을
때 그들을 첩자들로 몬다(창 42장). 그래서 결국 아버지와 집에
머물러 있던 베냐민을 데리고 올 수밖에 없는 상황을 만들어 형
제들이 요셉의 동생 베냐민에 대해 모종의 판단을 할 수밖에 없
도록 유도했다. 그러자 형제들은 (느닷없이) 오래 전에 팔려간
요셉의 이야기를 한다.

그들이 서로 말하되 우리가 아우의 일로 말미암아 범죄하

였도다 그가 우리에게 애걸할 때에 그 마음의 괴로움을
보고도 듣지 아니하였으므로 이 괴로움이 우리에게 임하
도다 르우벤이 그들에게 대답하여 이르되 내가 너희에게
그 아이에 대하여 죄를 짓지 말라고 하지 아니하였더냐
그래도 너희가 듣지 아니하였느니라 그러므로 그의 핏값
을 치르게 되었도다 하니 (창 42:21-22)

놀랍게도 형제들은 지금 자신들에게 닥친 문제(베냐민을 데
려와야 하는 문제)가 요셉의 문제와의 연장선상에 있음을 인지한
다! 형제 사랑을 파괴한 것에 대한 대가로 같은 배에서 나온 아
이를 두고 값을 치르고 있다고 말한 것이다. 두 사건이 아무 관
련성이 없음을 생각한다면 이는 성령님의 역사라고밖에 할 수
없다.

그리고 형들이 애굽에 두 번째 방문했을 때 요셉은 형제들
의 마음을 확실하게 알 수 있는 최후의 시험을 시행한다. 집으
로 돌아가는 형제들의 양식 주머니 중 베냐민의 주머니에 자신
의 은잔을 넣게 하여 베냐민이 종이 될 수밖에 없는 상황이 될
때 형제들이 어떤 행동을 취할 것인지를 결정하게 한 것이다.
이 부분의 대화를 잘 보면 성경이 무엇을 의도하고 있는지가 아
주 선명해진다.

요셉: 그것이 누구에게서든지 발견되면 그는 내게 종이
될 것이요 너희는 죄가 없으리라 (44:10)

• 베냐민의 자루에서 은잔이 발견된다. (44:12)

유다: 우리와 이 잔이 발견된 자가 다 내 주의 종이 되겠
　　　나이다 (44:16)

여기서 유다가 "하나님이 종들의 죄악을 찾아내셨다"라고
한 것은 이전에 그들이 요셉을 향하여 한 악행에 대해 하나님께
서 심판하고 계신다고 형제들이 인식하고 있음을 보여주는 부
분이다.

요셉: 아니다 잔이 발견된 자만 내 종이 되고 너희는 갈
　　　것이다 (44:17)

• 유다가 최종적으로 요셉의 모든 시험을 마무리 짓는 발
  언을 한다.

유다: 이제 주의 종으로 그 아이를 대신하여 머물러 있어
　　　내 주의 종이 되게 하시고(내가 대신 종이 될테니) 그
　　　아이는 그의 형제들과 함께 올려 보내소서 (44:33)

형제들은 요셉을 죽이려고 했다가 종으로 팔았다. 이런 태
도로는 교회가 보존된들 거기에 참된 교회적 사귐이 있을 리 만
무하다. 그러나 요셉은 시험을 통해 형제들이 이제는 **비록 배
다른 형제라도 그를 위하여 내가 대신 희생할 수 있다는 생각을
가졌다는 것을 확인**했다. 요셉은 이것이 확인이 된 후에야 비로

소 자신의 정체를 밝힌다. 창세기 45장 3절의 "나는 요셉이라"는 정체 밝힘은 바로 앞의 유다의 고백, 곧 "이제 주의 종으로 그 아이를 대신하여 머물러 있어 내 주의 종이 되게 하시고 그 아이는 그의 형제들과 함께 올려 보내소서"(창 44:33)가 있어야 가능했던 것이다.

요셉의 시험은 이렇게 유다가 베냐민을 대신하여 죽을 수 있게 되었을 때에야 끝났다. 교회가 형제 사랑 안에 세워질 수 있게 되었던 것이다.

고통의 시대의 두 번째 양식: 요셉의 붕괴

이런 의미에서 사사 시대의 두 번째 부록이 보여주는 사사 시대 패역의 둘째 국면은 '요셉의 붕괴'라 이름 붙일 수 있다. 창세기의 마지막 부분은 구속사적으로 '아브라함의 첫째 언약'이 성취되는 교회의 성립 시기로서 요셉은 이 교회의 구축을 위해 헌신했다. 그런데 사사 시대는 역시 구속사적으로 그렇게 형성된 교회가 **'아브라함의 둘째 언약'인 땅을 차지하는 일 앞에서는 실패하여** 창세기의 교회 구축의 길을 거꾸로 걸어가고 있다는 것을 보여주고 있다.

요셉 시험의 쟁점은 **'베냐민을 자기 몸처럼 사랑하느냐'**였는데, 사사 시대의 이스라엘은 나머지 모든 지파가 요셉이 구축했던 이 '베냐민 사랑'을 자기들 가운데서 지워버리고 있다. 베냐민 지파를 궤멸시켜 버렸다.

왜 굳이 베냐민이겠는가! 사사기의 둘째 부록은 이스라엘의 다른 모든 형제가 합심하여! 마치 요셉을 팔 때처럼! 이 베냐민을 지파들 중에서 지워버리는 것을 보여줌으로써, 요셉 시대의 유다가 형제 베냐민을 위하여 마지막에 해낸 일과 반대로 요셉이 이룬 교회적 구축이 철저하게 파괴되고 있음을 선언적으로 보여주는데 목적이 있다. 이것이 둘째 부록의 의도이다.

이 일은 한 레위인에게서 시작되었다. 한 레위인이 베들레헴에서 첩을 취하였는데(삿 19:1) 이 첩은 행음했고(2절), 레위인은 여자를 데려오기 위해 장인의 집에 들렀다가 길을 나서게 된다. 그야말로 난장판이다. 레위인은 오늘날로 치자면 목회자라 할 수 있는데, '첩을 취하고', 또 그 첩은 '행음한다'. 말라기가 잘 보여주듯 이스라엘의 타락상을 가장 적나라하게 강조할 때 성경은 제사장이나 레위인의 타락을 보여주는데, 사사기의 두 부록에는 모두 타락한 레위인이 등장한다. 미가의 집에 사설 제사장으로 고용된 이도 레위인이었고, 둘째 부록에서 모든 사건의 단초도 타락한 레위인이다.

하지만 이후로 닥칠 일들에 비하면 이것은 아무것도 아니다. 레위인은 밤이 되었을 때 '외인의 성읍'과 '이스라엘의 성읍' 중 어느 곳에서 묵을지를 고민한다. 어쨌든 그는 교회가 친절을 베풀 것을 믿고 이스라엘의 성읍인 기브아로 향한다. 한 노인이 손님을 맞았고 그 밤은 그렇게 평온히 흘러가는 듯했다. 하지만 그 밤에 불량배들이 집을 덮친다. 레위인은 첩을 내놓았고, 패악한 이들은 이 여자를 밤새 욕보이다가 새벽녘에 죽게 만들었다.

성경이 이 밤의 이야기를 매우 적나라하게 **'소돔과 고모라'를 연상하게 하는 방식으로** 하고 있음에 주목해야 한다. 이 밤의 이야기는 매우 처절하게 롯의 이야기(창 19장)와 닮았다. 성경에는 종종 이스라엘이 '소돔과 고모라'와 비교되곤 하는데 이는 **교회가 '사탄의 회'와 같게 되었다는 것**을 보여주는 무시무시한 표현방식이다.

> 너희 소돔의 관원들아 여호와의 말씀을 들을지어다 너희 고모라의 백성아 우리 하나님의 법에 귀를 기울일지어다 (사 1:10) - 이스라엘을 향한 이야기다.

> 내가 예루살렘 선지자들 가운데도 가증한 일을 보았나니 그들은 간음을 행하며 거짓을 말하며 악을 행하는 자의 손을 강하게 하여 사람으로 그 악에서 돌이킴이 없게 하였은즉 그들은 다 내 앞에서 소돔과 다름이 없고 그 주민은 고모라와 다름이 없느니라 (렘 23:14)

> 네 형은 그 딸들과 함께 네 왼쪽에 거주하는 사마리아요 네 아우는 그 딸들과 함께 네 오른쪽에 거주하는 소돔이라 (겔 16:46)

레위인은 첩의 시체를 열두 토막을 내어 이스라엘 모든 지파에게 보냈으며, 모든 이스라엘이 모여 이렇게 행한 베냐민 지파를 향하여 전쟁을 선포하게 된다. 일의 결국은 베냐민 지파의 멸망이었고, 이스라엘 지파 중 하나가 소멸 위기에 맞았기 때문에 사사기의 마지막 부분을 보면 베냐민의 남은 남자들은 실로에서 여자들을 훔쳐와 자신의 지파를 유지하기로 결정한다. 이일의 마지막 역시 다음의 구절로 마쳐진다.

**그때에 이스라엘에 왕이 없으므로 사람이 각기 자기의
소견에 옳은 대로 행하였더라 (삿 21:25)**

이야기의 세부에 치중하여 레위인이 첩의 시체를 토막 내어 전국에 보낸 일이 잘한 일이었는지, 또 이스라엘 전체가 한 지파를 상대로 전쟁을 벌인 자체가 바른 일이었는지, 혹은 그중에 이들이 여호와께 물었는데 하나님이 대답하신 것이 하나님의 재가를 받은 것이었는지, 또 궤멸된 지파를 위하여 일종의 인신매매를 통해서(정확히 말하면 여자를 훔쳐 왔으니 '매매'조차 아니다) 혼인할 여자를 보충해 온 것이 인권의 측면에서 볼 때 어떤 문제가 있는지, 이런 것들을 질문해 볼 수도 있다. 하지만 이 모든 이야기를 맺고 있는 마지막 요절을 볼 때 사사기 둘째 부록의 전체적 인상은 바로 이것이다. 그야말로 난장판이었으며, 그

야말로 **하나님 따위는 안중에도 없었기 때문에, 이들이 사람에 대해서 이다지도 패악을 행할 수가 있었다는 것이다.** 하나님께 대한 행악은 반드시 이웃에 대한 행악으로 구체화된다.

아모스는 "은을 받고 의인을 팔고", "신 한 켤레에 가난한 자를 팔고"(2:6), "힘없는 자의 머리에 있는 티끌까지 탐내고", "아버지와 아들이 같은 여자를 내연녀로 두어"(2:7) 행악하는 일들을 두고 "이는 그들이 여호와의 율법을 멸시하며 그 율례를 지키지 아니한 것"(4절)이라고 말한다. 사람에 대한 행악은 곧 율법의 멸시이다. 말라기는 제사장들의 범죄, 곧 하나님께 드리는 제사를 멸시한 것으로 이야기를 시작하지만("이 일이 얼마나 번거로운고 하며 코웃음치고 훔친 물건과 저는 것, 병든 것을 가져왔느니라." 말 1:13) 2장에 다섯 번이나 "궤사"(개역한글의 번역, 개역개정에서는 "거짓")라는 단어를 사용하며 그것을 "언약"과 연결하여 하나님께 대한 반역이 어떻게 이웃에 대한 불의로 이어지는지를 보여주고 있다.

"어떻게 하나님을 믿는 사람들이 형제를 궤멸하고, 인신매매로 혼인할 여자를 보충해 오는 저런 극악무도한 짓을 저지를 수가 있지요?" 누구나 물을 수 있는 질문이다. 하지만 사실 역사를 살펴보면 하나님을 비웃는 시대에는 언제나 사람에 대한 패악이 있었다. 교회가 사람에게 악을 행하는 이유는 간단하다. 그들에게 하나님이 없기 때문이다.

하나님 사랑이 파괴된 곳에는 언제나 형제 사랑의 파괴가 있으며, 이 둘의 파괴는 나란히 그 시대가 '고통의 시대'였음을 증언한다. 암흑과 고통이 사사 시대를 표현하는 말이었지만, 이 모든 것은 단 하나 "이스라엘에 하나님이 왕이 되시지 않았으므로 사람들이 각각 자기 스스로 왕이 되어" 일어난 일이었다. 하나님 없음, 그리고 이웃 없음! 이것이 사사 시대, 곧 고통의 시대였다.

무엇이 고통의 시대인가?

· 법이 없으므로 하나님 대신 내가 주인이 되는 것
· 마땅히 사랑해야 할 이웃을 사랑하지 않는 것
두 돌판의 붕괴 (하나님 사랑의 붕괴 · 이웃 사랑의 붕괴)

NAZIRITE

연결하기 → 죄와 하나님의 반응

> "이렇게 착하고 죄 없는 아이들이 죽음을 당하도록
> 내버려 두다니, 신이 존재할 리 없어!"

많은 사람들이 악한 세계에서 불의하게 희생당하는 것처럼 보이는 불쌍한 사람들을 목도할 때 이렇게 말한다. 어떤 이는 무고한 데도 옥살이를 하고, 어떤 이는 죄를 주렁주렁 달고 사는 데도 대궐 같은 집에 살면서 권세를 누린다. 그래서 많은 이들이 이것을 '하나님이 존재하지 않는다는' 증거로 삼는다. 신이 있다면 그럴 수는 없다고 말한다.

하지만 이 세계가 이토록 악한 것이 정말 하나님 때문일까? 세상에 만연한 부조리의 원인이 정말 하나님께 있는 걸까? 내전의 상황 속에서 폭격으로 죽는 아이들의 소식들을 전해 듣거나, 기근으로 굶어 죽어가는 아이들에 대한 기사를 읽고 "이렇게 고통당하는 슬픈 아이들을 위해 하나님은 뭘 하셨나요?"라고 묻는 사람들에게 나는 종종 이렇게 되묻곤 한다. "저 아이들이 죽고 있는 것이 정말 하나님 때문인가요? 우리들 때문이 아닌가요?"

인생에 이렇게 슬픔과 고통이 많은 것은 하나님 때문일까 우리의 죄 때문일까? 지금도 그치지 않는 전쟁 소식과 거기에서 희생당하는 유약하고 죄 없어 보이는 아이들과 여성들이 당하는 피해의 원인은, 사실은 탐욕스러워 한치도 물러서지 않으려고 하는 전쟁 당사자들의 악 때문이다. 우리는 굶어 죽어가는 아이들 때문에 쉽게 하나님을 비방하지만, 사실은 세계의 모든 기근의 직접적인 원인은 착취하지만 나누지 않는 자본가들 때문이며, 이차적 원인은 이것을 알고도 자기 손안에 들어온 부를 다른 이들에게는 나눠주지 않으려고 하는 다수의 부유한 사람들이다. 세계 전체의 자본 생산량의 총계는 이미 오래 전에 전 세계 인구의 필요량을 아득히 뛰어넘었다. 그럼에도 여전히 굶주린 사람이 존재하는 것은 부의 극심한 편중 현상 때문이지 세상에 먹을 것이 없어서가 아니다. 아마도 중국의 신흥 갑부들이 하룻저녁에 생일 파티에 탕진하는 돈을 굶주린 이들에게 나눠주기만 해도 사실상 세계에는 굶어 죽을 사람이 한 명도 없을 것이다.

누구 때문인가? 전쟁이라는 악이 하나님 때문인가? 굶어 죽어가는 아이들이 하나님 때문인가? 비난의 손가락은 누구에게로 향해야 마땅한가? 죄를 하나님이 저질렀는가? 아니다. 우리가 저질렀다. 우리가 비난받아야 마땅하다. 우리 인류가 악을 저지르면서 나누며 살지 않는다. 세상에 상존하는 악의 근본은 하나님이 아니다. 그렇지만 사람들은 하나님을 비방한다. 원래는 무신론자였다가 예수의 부활의 증거를 살피다가 설복당하여 그리스도인이 된 데이비드 우드(David Wood)는 이 '악으로부터의 논증'에 답변하면서 이렇게 이야기한다.

> 무신론자가 자신의 논증을 지지하기 위해 도덕적 악의 실
> 례를 더욱더 많이 제시할수록, **인류가 대단히 죄 많은 존
> 재라는 증거를** 더욱더 많이 제시하는 것이다. 그러므로
> '인간 존재는 믿을 수 없을 정도로 죄악이 가득하며 하나
> 님과의 전쟁 상태에 있지만 하나님은 우리에게 온전히 즐
> 거움으로 가득 찬 세상을 제공하고 어떤 일이 잘못될 때
> 마다 우리를 서둘러 도우셔야만 한다'라고 하는 것은 말
> 이 되지 않는다.[1]

그렇다. 세상의 슬픔과 고통은 우리에게서 나왔다. 그러므
로 하나님께 탓을 돌려서는 안 된다. 참혹한 악들은 죄로부터
온 것이며, 죄와 악은 모든 선하고 좋은 것들을 파괴했다. 하나
님은 악하고 무절제한 세계를 짓지 않으셨다. 오히려 하나님은
멋진 최상의 세계를 지으셨으며 바로 그 좋은 세계를 우리에게
선물로 주셨다.

하지만 우리가 죄를 지으면서 이 좋은 세계가 파괴되었고,
따라서 다 무너져서 너덜너덜한 세계에 주저앉아 살고 있는 우
리들의 현 모습은 결국 우리들이 행한 일의 결과물일 뿐 하나님

---

1 데이비드 우드, 『기독교를 위한 변론』, 박찬호 옮김 (서울: 새물결플
러스, 2016), 71.

의 탓이 아니다. 예레미야의 표현처럼 "하나님은 순전한 참 종자, 곧 귀한 포도나무"를 심으셨으나, 우리가 "이방 포도나무의 악한 가지"(렘 2:21)가 되었다.

하나님의 행동

그러나 하나님은 이 모든 것을 아셨다. 그래서 '죄'는 언제나, 그다음 '죄에 대한 하나님의 행동'을 촉발한다. 많은 신앙고백서가 이런 방식을 사용하고 있는데, 예를 들어 도르트 신조는 이 구도를 이런 방식으로 쓰고 있다.

> ### 첫째 교리 제1조, 모든 사람이 하나님 앞에서 정죄 받아 마땅함
>
> 사람은 모두 아담 안에서 범죄하여 저주 아래 있으며, 영원한 죽음을 받아 마땅합니다. 따라서 하나님께서 모든 인류를 죄와 저주 아래에 그대로 두시고 그 죄 때문에 심판하신다 하더라도 조금도 불의를 행하시는 것이 아닙니다. 사도는 항상 이렇게 가르칩니다. "이는 모든 입을 막고 온 세상으로 하나님의 심판 아래에 있게 하려 함이라"(롬 3:19), "모든 사람이 죄를 범하였으매 하나님의 영광에 이르지 못하더니"(롬 3:23), "죄의 삯은 사망이요"(롬 6:23)
>
> ### 첫째 교리 제2조, 하나님의 아들을 보내심
>
> 그러나 하나님께서는 자기의 독생자를 세상에 보내셨고,

바로 거기에서 하나님의 사랑이 나타났습니다(요일 4:9).
독생자를 보내심은 누구든지 그분을 믿으면 멸망하지 않
고 영생을 얻도록 하려는 것입니다(요 3:16).

인류는 죄를 지었다. 그리고 죄는 모든 불행을 몰고 왔다.
우리는 나락으로 추락했으며, 슬픔과 고통으로 엉망진창이 되
었다. 하지만 놀라운 사실은 이 죄에 대해 하나님께서 '반응'하
신다는 것이다.

물론 이것은 '요청된 것'이 아니다. 하나님은 죄에 반응하실
책임이 없으시다. 하나님은 인간과 언약하셨으므로, 인간이 죄
를 지음으로 그 언약을 파기하였다면 그에 상응하는 심판만 내
리시면 된다.

하지만 우리가 성경을 통해 알게 되는 하나님의 죄 이후의
반응은 오히려 구원을 위한 그분의 긍휼하심이다. 도르트 신조
의 "모든 사람이 정죄를 받아 '마땅'하다"의 다음 구절은 **"그리하
여 모두 그 마땅한 대로 받았다"가 아니라 "하나님의 아들을 보
내심"이다.** 하나님은 구원의 하나님이시며, 선하고 자비로우신
분이시다. 하나님은 우리를 심판하여 죽이시는 대신 그분의 아
들을 대신 죽이심으로 우리를 살리시기를 원하셨다.

소위 '탑의 경험'이라고 불리는 루터의 대전환은 바로 이것
을 발견한 것이었다. 중세 신학이 가르친 하나님은 '죄에 대해
벌 주시기만 하는 하나님'이었다. '잘못을 캐물으시기만 하는 하

나님'이었다. 그래서 루터는 "사랑? 나는 그를 사랑할 수 없다. 나는 그를 증오한다."라고 말했다.[2] 하지만 루터는 시편과 로마서를 가르치다가 성경의 진리를 발견한다. 루터는 죄에 대한 하나님의 의의 마땅한 반응은 '응당한 처벌'일 뿐이라고 생각했으나 로마서가 "이는 하나님께서 길이 참으시는 중에 전에 지은 죄를 간과하심으로 자기의 의로우심을 나타내려 하심이니"(롬 3:25)라고 말씀한다는 것을 발견했다. **"죄를 간과하시는 의로우심"**이라니!

루터는 로마서를 통해서, 사람의 죄악에 대하여 사람을 건지시기 위하여 하나님 스스로를 처벌하시는 기이한 사랑의 하나님을 발견하고는 고꾸라진다. 종교개혁의 모든 동력이 여기에서 온 것이다.

우상으로서의 법궤

이스라엘은 블레셋과 싸우고 있었다. 블레셋은 대표적인 하나님의 원수였다. 블레셋은 아벡에 진 쳤고, 이스라엘은 대항하여 에벤에셀 곁에 있었다(삼상 4:1). 문제는 이스라엘이 쉽게 이

---

2 롤란드 베인턴, 『종교개혁사』, 이훈영·홍치모 옮김, (서울: 크리스천 다이제스트, 2001), 36에서 인용.

길 수 있을 정도로 블레셋이 호락호락하지 않았다는 사실이다. 첫 전투에서 이스라엘은 패배하여 4천 명 가량의 군사가 죽임을 당하였다. 병력 손실의 문제 자체도 있었지만 더 중요한 것은 '사기'였다. 이스라엘은 이 패배로 인하여 전쟁 자체를 망칠 수도 있다는 극도의 불안에 사로잡혔다.

그러나 원래는 이 전투가 어떤 정황 속에 기술되고 있는지를 주목하라. 전투의 패배를 기록한 사무엘상 4장 2절 '직전의' 구절들은 이런 말씀이다.

> 사무엘이 자라매 여호와께서 그와 함께 계셔서 그의 말이 하나도 땅에 떨어지지 않게 하시니 단에서부터 브엘세바 까지의 온 이스라엘이 사무엘은 여호와의 선지자로 세우 심을 입은 줄을 알았더라 (삼상 3:19-20)

> 사무엘의 말이 온 이스라엘에 전파되니라 (삼상 4:1)

바야흐로 때는 사무엘을 통하여 이스라엘의 사사 시대가 끝나려고 하는 시점이다. 오랜 세월, 특히 사사 시대 말기인 삼손의 시기에는 아예 손을 놓고 대적과의 싸움을 멈추었던 이스라엘이 이제 하나님의 말씀으로 회복하려고 했던 시기였다. 말하자면 이들은 지금 신앙의 전쟁을 '시작하려 하는 시점'에 있었다.

하지만 적이 강했다. 신앙의 전쟁을 시작했기 때문에 이길 수 있으리라 생각했겠지만 적은 강력했고, 이스라엘은 이길 수 없을지도 모른다는 위기감에 사로잡혔다. 아무리 싸움이 선한 영적 동기로 시작되었다고 할지라도 단단한 현실을 만났을 때는 그저 선한 영적 동기만으로는 승리하기 어렵다는 모른다는 모종의 불안감이 이스라엘을 감쌌다. 그래서 장로들은 말한다.

> 백성이 진영으로 돌아오매 이스라엘 장로들이 이르되 여호와께서 어찌하여 우리에게 오늘 블레셋 사람들 앞에 패하게 하셨는고 여호와의 언약궤를 실로에서 우리에게로 가져다가 우리 중에 있게 하여 그것으로 우리를 우리 원수들의 손에서 구원하게 하자 하니 (삼상 4:3)

무엇이 문제였을까? 순복음 식의 신앙을 가진 사람은, 신앙이란 잘하면 잘할수록 땅에서 더 잘 된다고 생각한다. 만약 땅에서 고통을 받고 있다면 그것은 둘 중의 하나, 곧 내가 무언가를 잘못하고 있거나, 아니면 더 큰 복을 위한 약간의 시련일 뿐이다. 하지만 이런 식의 해석은 정확하게 말하자면 복채를 받은 무당이 해 주는 말과 별반 다르지 않다.

실제 성경이 가르치는 신앙은 대개 그렇지 않다. 인류 역사 전체에서 가장 복되다 할 수 있는 사도들이 거지같이 살다가 대부분 순교한 사실을 염두에 두고서도 "예수 믿으면 마냥 잘 된다"고 할 수 있을까? 예수님 스스로가 가난한 집안에서 자라 별반 가진 것 없이 사셨는데, 이 예수를 믿는다는 예수쟁이들이 금가락지를 끼고 값비싼 외제차를 타야 성공한 그리스도인이라고 생각한다면 그리스도 스스로가 실패한 그리스도인인가?

신앙의 결단이 시작되었다고 블레셋이 가볍게 격파되지 않는다. 오히려 신앙의 결단은 그것이 진짜인지 가짜인지 알아보기 위한 하나님의 시험을 불러온다. 오히려 신앙의 결단은 그 전에 사탄의 노리개였던 이가 사탄에게 대항하기 시작하였으므로 사탄의 혹독한 공격을 가져온다. 따라서 그것을 견디지 못하고 그저 희희낙락의 삶을 원한다면 결국 시험에는 실패할 것이다.

이런 시험의 상황 속에서 이스라엘의 장로들은 생각한다. "우리가 전투에 진 이유가 무엇인가? 하나님이 없어서였나? 그렇다면 하나님을 데려오자!" 바로 여기! 바로 여기에 그들의 본격적인 패착이 있다. 죄악과 결별하지 못한 그들의 사고방식이 있다. **선한 영적 결심을 하고 시작했지만, 그 실행에서는 여전히 죄악된 습관의 방법대로 지속하려는 아둔함!** 그 어두움의 속성이 있다. 그들의 사고는 그야말로 '매니퓰레이션 모티브(manipulation motive)'라 부를 수 있는 것이다. 강영안 교수는 이렇게 말한다.

> 영어의 매니퓰레이션은 '손으로 마음대로 한다'는 말에서 온 것입니다. 금송아지로 만들어서든지 아니면 어떤 모양

으로든 만들어서 딱 세워 놓고 나면 그 다음부터는 내 손을 벗어나지 못합니다. 물론 내가 가서 절도 하고 온갖 행위는 다 하지만 그렇더라도 내 눈에 보이는 모습으로 만들어 놓고 나면 내가 마음대로 주무를 수 있다고 생각하는 것입니다. 이것이 바로 신상을 만드는 동기입니다. 그러면 왜 마음대로 주무르려고 합니까? 그것은 우리의 안전을 보장하려고 하는 욕망 때문입니다. 우리의 손으로 잡을 수 있고, 확실하게 확인할 수 있고, 그래서 내 욕망을 충족시키는 수단으로 상을 만드는 것입니다. 이 욕망은 사실상 우리 안에 너무나 깊숙이 깔려 있기 때문에 하나님을 매우 잘 섬기는 경건한 사람조차도 이 욕망을 완전히 제거하기가 힘든 경우가 많습니다.[3]

우리는 종종 하나님을 '손안의 신들'로 만들고 싶어한다. 성경은 이것을 '우상 숭배'라고 한다. 그래서 하나님은 십계명에서 우상을 만들지 말라 하셨을 때 **"너를 위하여** 새긴 우상을 만들지 말고"(출 20:4)라고 하셨다. '타아쉐 레카!'(תַעֲשֶׂה-לְךָ) 여기서 '레'(לְ)가 '위하여'라는 뜻이고, '카'(ךְ)는 2인칭 단수 접미이다. 그야말로 우상의 제작은 '너를 위한 것'이다.

이스라엘 장로들의 생각은 무엇이었는가? 그들은 전투에서 졌으므로 '하나님의 더 크고 강한 능력'이 필요하다고 생각했다. 그들은 '우상과 마찬가지로', '매니퓰레이션 모티브'의 방식

---

3 강영안, 『강영안 교수의 십계명 강의』 (서울: IVP, 2009), 94.

으로 생각했다. 단지 그것이 '우상' 대신 '법궤'였을 뿐, 그때 법궤는 우상으로 기능했다. 아무 데도 장소로는 존재하지 않으시고, 어디에도 형체로서는 계시지 아니하는, 말씀하시는 하나님이 아니라, 손아귀에 쥘 수 있고, 만질 수 있는 형상으로서의 우상이 그때의 그들에게는 필요했다. 그래서 그들은 **블레셋과 싸우면서도 블레셋처럼 생각했다.** "형상화된 신이 함께 있다면 이길 수 있다!"

하지만 틀렸다. 여호와께서 형상화되었다면 그 형상은 더 이상 여호와가 아니다. 그렇다면 결국 이들은 가짜 여호와를 데려다가 전투에 이기려 했을 뿐이다. 그들은 열심있는 신앙의 시작에 있었을지 모르나 오판했고, 심지어 이교적으로 생각했으며, 그들이 사사 시대 내내 가져왔던 말씀 부재의 신앙, 하나님을 모르는 방식의 신앙을 벗어나지 못했다. 결국 그들은 야웨 하나님을 우상으로 바꾼 후 법궤를 전쟁터에 가져왔고, 대규모 참사를 맞는다. 죄는 그렇게 호락호락하지 않다. 죄는 끈질기다. **죄를 이기려는 우리보다 죄가 더 끈질기다.**

악재가 역전이 되는 적들의 기이함

그러므로 여기에 이들을 실패로 이끌기 위한 다른 방향에서의 동력이 더불어 작용한다. 물론 이것은 하나님이 하신 일이다. 하나님은 자신의 자녀들이 하나님의 영향력을 우상의 방법론으로 바꾸어 사용하려 할 때 그들을 용인치 않으신다. 그들은 패배할 것이다.

따라서 우리는 깨닫게 된다. 우리가 이 땅에서 신앙의 전투를 하면서 살아갈 때 '무엇에 현혹되어서는 안 되는지', 또 '상황이나 환경이라는 것이 궁극의 주(主)이신 여호와 하나님께 비추어 볼 때 얼마나 부질없는 것인지'를 말이다.

법궤가 이스라엘의 진으로 들어왔을 때 이스라엘은 기쁨에 겨워 소리쳤다. 성경은 이들의 소리가 얼마나 환희에 찬 감격이었는지 "땅이 울렸다"(삼상 4:5)라고 표현하고 있다. 거의 승리를 따 놓은 것처럼 그들은 들떠 있었다.

동시에 법궤의 등장은 거기 있었던 이스라엘만 들뜨게 만든 것이 아니라 적들의 간담을 서늘케 하기에도 충분했다. 여기 서로 통하는 바가 있다. '우상으로서의 법궤'가 들어왔을 때 이스라엘도 블레셋도 **똑같이 이교적 사고로 생각했기 때문에** 이스라엘은 이 때문에 흥분했고, 블레셋은 반대로 낭패를 만났다고 생각했던 것이다. 우상으로서의 법궤가 강력할 것이라고 믿는다면 이는 이교적 사고일 뿐이다. 바로 이런 점에서 이스라엘과 블레셋은 '똑같은 신관'을 갖고 있다. 우상으로서의 법궤가 강력하다고 믿었기 때문에 이스라엘은 환호했고, 블레셋은 두려워했다. 그러므로 하나님께서는 여기 '희한한 반전'을 두신다. 하나님은 자기 백성들에게 희화화되기 원치 않으셨기 때문에, 여기 이 '희한한 반전'을 준비하셨다. 블레셋은 생각한다.

> 블레셋 사람이 두려워하여 이르되 신이 진영에 이르렀도다 하고 또 이르되 우리에게 화로다 전에는 이런 일이 없었도다 우리에게 화로다 누가 우리를 이 능한 신들의 손에서 건지리요 그들은 광야에서 여러 가지 재앙으로 애굽인을 친 신들이니라 (삼상 4:7-8)

블레셋은 당황했다. 낭패를 만났다고 생각했다. "신이 진영에" 이르렀으며, 그 신들은 "능한 신들", 곧 "광야에서 여러 가지 재앙으로 애굽인을 친 신들"이다. 블레셋은 당황했다. 패배가, 죽음의 여신의 숨결이 코앞에 있다고 느껴졌다. 바로 이때 이들은 돌연 말한다!

> 너희 블레셋 사람들아 강하게 되며 대장부가 되라 너희가 히브리 사람의 종이 되기를 그들이 너희의 종이 되었던 것 같이 되지 말고 대장부 같이 되어 싸우라 하고 (삼상 4:9)

기이한 반전이다! 희한한 일이다! 대부분의 사람은 '막다른 벽'을 만났을 때 으레 낙심한다. 그런데 하나님은 그들의 낙심을 전혀 다른 방향으로 돌려 버리셨다. "죽을 터이니, 죽을 각오로 싸우자!"라고 바뀌어 버린 것이다. 블레셋은 이렇게 이 전투에 임했고, 결과는 대승이었다.

> 블레셋 사람들이 쳤더니 이스라엘이 패하여 각기 장막으
> 로 도망하였고 살육이 심히 커서 이스라엘 보병의 엎드러
> 진 자가 삼만 명이었으며 하나님의 궤는 빼앗겼고 엘리
> 의 두 아들 홉니와 비느하스는 죽임을 당하였더라 (삼상
> 4:10-11)

그리고! 여호와께서 포로로 잡히시다!

이제 우리는 씁쓸한 결과물을 보게 된다. 신앙의 길을 나름
걸으려고 시작했지만, 다시 사사 시대와 같은 실패로 끝나버린
결과물을 읽으며, 우리는 약간 참담한 마음을 겪게 된다. 죄의
뿌리는 강하고 깊었으며, 하루아침에 이 흔적을 지워버리기에
는 그들의 전통이 지나치게 혹독했다.

성경은 이 싸움의 결과를 어떻게 기록하고 있는가? 사무엘
상 4장 11절, 전쟁은 패배했고 하나님의 궤는 빼앗겼다. 그리고
제사장의 두 아들 홉니와 비느하스는 죽임을 당하였다. 그리고
패전의 소식은 이스라엘 내부에 당도했고, 소식을 들은 제사장
엘리는 그 자리에서 자빠져 목이 부러져 죽는다. 엘리 집안의
몰락은 2장에서 이미 언급되었던 일이다. 여호와께서는 악행을
일삼던 홉니와 비느하스를 죽이시기로 결심하셨을 뿐 아니라
(삼상 2:25), 엘리 제사장의 집안의 씨를 말리기로 하셨는데(삼상

2:31), 이 예언이 성취되었다. 그리고 이 모든 일의 영적 의미, 이 외형적 사건들이 보여주고 있는 '진짜 일'의 의미는 마침 산통으로 죽어가고 있었던 엘리의 며느리의 입에서 예언의 형식으로 선포된다.

> 이르기를 영광이 이스라엘에서 떠났다 하고 아이 이름을 이가봇이라 하였으니 하나님의 궤가 빼앗겼고, 그의 시아버지와 남편이 죽었기 때문이며 또 이르기를 하나님의 궤를 빼앗겼으므로 영광이 이스라엘에서 떠났다 하였더라
> (삼상 4:21-22)

당신은 여기에서 무엇을 읽는가? 신앙의 실패로 인한 개인의 비참함을 보는가? 신정국가였던 한 나라에서 주재였던 신을 잃어버린 종교적 상황을 발견하는가?

우리는 놀랍게도 성경이 여기 이 죄악과 실패의 상황 속에서 이해할 수 없는 비전을 보여주고 있음을 발견할 수 있다. 그것은 이 예언자 며느리의 입에서 선언되었던 말 속에서, 그리고 이후 행하신 하나님의 기이한 행적을 통해서다. 우리는 이런 말씀을 듣게 된다.

> 영광이 이스라엘에서 떠났다

여기에서 "떠나다"(갈라, גָּלָה)라는 말은 히브리어 용례에서

크게 두 가지 방향으로 사용되는데, 한편으로는 "덮개를 벗기다"라는 의미에서 '폭로하다', '알려지게 되었다'라는 방식으로 사용되지만, 다른 한편으로는 "옮겨졌다"라는 의미에서 **'유형(流刑), 곧 포로의 몸이 되다'**라는 뜻도 있다. 아모스와 예레미야에서 이 단어는 수없이 이런 방식으로 사용된다.

> 내가 너희를 다메섹 밖으로 **사로잡혀** 가게 하리라 그의 이름이 만군의 하나님이라 불리우는 여호와께서 말씀하셨느니라 (암 5:27)

> 그러므로 그들이 이제는 **사로잡히는** 자 중에 앞서 **사로잡히리니** 기지개 켜는 자의 떠드는 소리가 그치리라 (암 6:7)

> 아모스가 말하기를 여로보암은 칼에 죽겠고 이스라엘은 반드시 **사로잡혀** 그 땅에서 떠나겠다 하나이다 (암 7:11)

> 여호와께서 이와 같이 말씀하시기를 네 아내는 성읍 가운데서 창녀가 될 것이요 네 자녀들은 칼에 엎드러지며 네 땅은 측량하여 나누어질 것이며 너는 더러운 땅에서 죽을 것이요 이스라엘은 반드시 **사로잡혀** 그의 땅에서 떠나리라 하셨느니라 (암 7:17)

> 네겝의 성읍들이 봉쇄되어 열 자가 없고 유다가 다 **잡혀가되** 온전히 **잡혀가도다** (렘 13:19)

여호와께서 이와 같이 말씀하시되 보라 내가 너로 너와 네 모든 친구에게 두려움이 되게 하리니 그들이 그들의 원수들의 칼에 엎드러질 것이요 네 눈은 그것을 볼 것이며 내가 온 유다를 바벨론 왕의 손에 넘기리니 그가 그들을 **사로잡아** 바벨론으로 **옮겨** 칼로 죽이리라 (렘 20:4)

잡혀 간 곳에서 그가 거기서 죽으리니 이 땅을 다시 보지 못하리라 (렘 22:12)

하나님은 단지 이스라엘을 '떠나셨'는가? 아니다. 그분은 **포로로 끌려가셨다!** 하나님의 궤가 빼앗기고, 하나님의 영광이 이스라엘을 떠났다고 하는 4장의 마지막 선언에 연결되어 있는 5장의 이야기는, 그런 점에서 많은 사람이 잘못 읽는 본문이다. 블레셋의 도시 여기저기를 돌면서 이적과 재앙을 몰고 오는 법궤의 이야기를 읽으면서 '통쾌함'을 느낀다. 마치 싸움을 잘하는 동네 형을 따르는 무리 속의 꼬맹이처럼 어깨에 힘이 잔뜩 들어가서, 이 본문을 승전가로서만 읽는 것이다. 그러나 이것은 이상한 일이다! 만약 법궤가 진실로 '하나님의 임재'를 나타내는 표상이라면, **법궤의 포로 됨은 하나님의 포로 됨의 상징**이다. 하나님은 전쟁터에서 싸우고 계신 것이 아니다. 하나님은 지금 이방 땅에서 표류당하고 계신다. 지존하신 자, 이스라엘의 하나님께서 이방 신들의 땅에서 조리돌림 당하고 계신다. 이는 결코 '승리' 따위가 아니다.

여호와의 궤는 블레셋의 도시들로 옮겨 다닌다. 첫 도시는
아스돗이었다. 다곤의 당에 두었으나 하나님께서는 법궤에 계
신 하나님이심을 드러내시면서 다곤의 신상을 박살내셨다. 아
스돗의 사람들이 곤란해하자 블레셋의 또 다른 큰 도시였던 가
드로 옮겨 갔다.[4] 하지만 가드에서는 엄청난 독종이 발생하였
다. 죽겠다고 하는 이들로 궤는 다시 에그론으로 옮겨간다. 이
부분에는 그 성읍 사람들의 외침이 기록되어 있다.

> 에그론 사람들이 부르짖어 이르되 그들이 이스라엘 신의
> 궤를 우리에게로 가져다가 우리와 우리 백성을 죽이려 한
> 다 하고 (삼상 5:10)

결국 블레셋 방백들은 법궤를 다시 이스라엘에게로 돌려 보
내기로 결정한다. 이 부분의 마지막은 이렇게 되어 있다.

> … 이는 온 성읍이 사망의 환난을 당함이라 거기서 하나
> 님의 손이 엄중하시므로 죽지 아니한 사람들은 독한 종
> 기로 치심을 당해 성읍의 부르짖음이 하늘에 사무쳤더라
> (삼상 5:11-12)

블레셋의 주요 성읍을 궤멸하고 계시니 승리인가? 여호와

---

4 블레셋의 주요 다섯 성읍은 아스돗, 가드, 에그론, 아스글론, 가사이
다. 이 장에 이 중 세 성읍이 나온다.

하나님께서는 능력의 신이시며, 능력을 나타내시는 신이시다. 그러나 그분은 '자기 백성들 가운데 임마누엘(하나님이 우리 가운데 계심)'하시며 복들을 부어주시는 분으로서의 능력의 하나님이시다. 그렇다면 만약 하나님이 '궤멸해야 할 대적들 가운데 임마누엘' 하심으로 재앙신으로 나타나고 계신다면, 그때의 하나님을 두고 쉽게 '능력의 신'이라고 해서는 안 된다. 백성들을 기업으로 삼으시는 분께서 자기 백성들 가운데 '복들로' 나타나는 대신, 백성 바깥에서 '화들로' 나타나고 계실 때의 그분을, 우리는 '승리하고 계신다'고 해서는 안 된다.

우리는 하나님께서 어리석고 아둔한 백성들 때문에, 그들 대신, 포로의 형을 당하고 계심을 볼 수 있어야 한다. 하나님은 자기 백성들을 거처로 삼으셨다. "하늘들의 하늘이라도 주를 용납할 수 없는데"(왕상 8:27), 하나님은 이 초라한 땅의 변변치 않은 자기 백성들 속에 '거처를' 두시기로 하셨다. 나무 조각으로 얼기설기 만든 법궤를 '왕의 발 받침대'(대상 28:2; cf. 마 5:35)로 삼으신다 하셨다. 위대한 왕이신 여호와께서 비천하고 작고 낮은 이스라엘을 "자기 기업"(신 4:20)이라고 부르셨다. 그러므로 자기 백성을 떠나 끌려가신 하나님은 포로자이시다. 그분은 본시 그분께서 계셔야 할 곳, 자기의 거처에서 쫓겨나셨다. 원치 않는 유배이다. "자기 이름을 두어야 할 곳"(신 12:5 등)에 계시지 못하고, 원수들의 땅에 계신다. 마치 이스라엘 백성들이 '자신들의 죄' 때문에 바벨론 유배를 당했던 것처럼, '자기 백성들의 죄' 때문에 블레셋에 유배를 당하고 계신다. 그래서 법궤의 유배는 추후 이스라엘의 바벨론 유배를 넌지시 보여주고 있다.

무엇 때문인가? 백성들의 죄 때문이다. 하나님께서 이방의 땅에서 자신의 임재의 표시인 법궤를 여기저기 휘둘림 당하게 두심으로써, **'적들의 손에 유린당하기'를 허락하신 이유**는 오직 한 가지, 이스라엘의 죄악 때문이다. 우리는 이 사건을 통해서 무엇을 보게 되는가? 죄에 대한 하나님의 반응은 무엇인가? 우리가 가장 극렬히 죄에 빠져들어가게 될 때, 하나님은 준비하신다. 우리의 죄의 형벌을 그분이 지실 준비 말이다.

아사셀: 대신 고통받는 속죄자

하나님께서는 이스라엘의 제사법 중에 '아사셀'이라는 제도를 주셨다. 속죄를 위해 한 염소가 아닌 '두 염소'가 선택된다. 하나는 머리에 안수한 후에 거기서 바쳐지지만 다른 한 염소는 광야로 보내진다.

> 아론은 여호와를 위하여 제비 뽑은 염소를 속죄제로 드리고 아사셀을 위하여 제비 뽑은 염소는 산 대로 여호와 앞에 두었다가 그것으로 속죄하고 아사셀을 위하여 광야로 보낼지니라 (레 16:9-10)

우리말 번역으로 여기 '광야'는 "접근하기 어려운 땅"(레 16:22, 이전 개역한글에서는 "무인지경")이라고 번역하였지만, 이 말의 본뜻은 **'끊어짐의 땅'**이다. 아사셀 염소는 끊어짐의 땅으로 보내진다. 왜 이리로 보내질까? 성경에서 광야는 '짐승과 귀신들의 땅'이다. 버려진 염소는 맹수들에게 갈기갈기 찢겨지게 되며, 바로 그 목적을 위해 보내진 것이다. 아사셀은 보여준다.

> 아론은 그의 두 손으로 살아 있는 염소의 머리에 안수하여 '이스라엘 자손의 모든 불의와 그 범한 모든 죄를 아뢰고' 그 죄를 염소의 머리에 두어 미리 정한 사람에게 맡겨 광야로 보낼지니 염소가 '그들의 모든 불의를 지고' 접근하기 어려운 땅에 이르거든 그는 그 염소를 광야에 놓을지니라 (레 16:21-22)

아사셀은 이스라엘이 아니라 그 속죄의 염소가 "이스라엘 자손의 모든 불의와 그 범한 모든 죄", 곧 "그들의 모든 불의를 지고" 광야에 내팽개쳐버린 사실을 보여준다.

광야에서 맹수들에게 갈기갈기 찢겨 죽임을 당하기 위한 목적으로 보내지는 아사셀 염소는 죄에 대한 하나님의 맹렬한 진노를 보여주지만, **이 진노에 노출되는 것은 이스라엘이 아니었다.** 아사셀은 우리가 가장 극렬히 죄에 빠져 들어가게 될 때, 하나님 편에서는 무엇을 준비하시는지를 보여준다. 이스라엘이 포로 되어야 할 때 정작 포로가 되시는 것은 하나님이시며, 그리스도께서는 죄가 없으시므로 세례를 받으실 필요가 없으셨지만, '모든 백성을 대신하여' 기꺼이 그들의 대표, 곧 '유대인의 왕'이 되신다.

인생의 죄에 대해 하나님은 응답하실 필요가 없으시다. 그러나 죄에 대한 하나님의 응답은, 이스라엘이 그 징벌을 지지 않게 하시기 위해 그분 스스로가 포로를 당하시는 일이며, 성육신을 통하여 땅에 오셔서 스스로 아사셀이 되시는 것이었다.

그렇다. 하나님께서는 썩어빠진 우리의 죄에 대하여 굳이 응답할 필요가 없으셨다. 하지만 하나님은 우리가 가장 비천한 골짜기의 아래쪽에 떨어졌을 때, 서서히, 주섬주섬, 우리들을 그 낭떠러지 아래에서 건져 올리시기 위하여 로프를 허리에 감으신다. 그리고 자신을 골짜기 아래쪽 늑대들에게 먹이로 던져주신 후에, 우리를 다시 영광의 산으로 올려보내신다. 우리는 버리고 떠나며, 하나님은 구원하신다. 패역은 '우리의 일'이며, 은총은 '그분의 일'이다. 어찌 하나님을 찬송하지 않을 수 있는가!

죄에 대한 하나님의 행동

• 우리가 받아야 할 죄의 형벌을 그분이 대신 지시다.

NAZIRITE

2부
고통의 시대에서
누가 구원하는가?

NAZIRITE

3장. 구원자 나실인

(1) 나실인은 누구인가?

> 주는 평화, 막힌 담을 모두 허셨네.
> 주는 평화, 우리의 평화!

유명한 CCM의 한 구절이다. 나 혼자만 그렇게 생각했는지 혹
은 다른 분들도 그렇게 생각한 사람이 있는지는 확인해 보지 않
았지만, 예전에 나는 이 찬송을 부를 때면 "막힌 담"을 '하나님과
우리 사이의 담'이라고 생각했다. 즉 죄 때문에 하나님과 우리
사이에는 가로막힌 담이 놓여 있는데 구주 예수 그리스도께서

이 하나님과 우리 사이의 담을 허무셨다고 생각한 것이다. 이 글을 읽고 계신 분은 어떠신지 모르겠다. 그리고 약간 궁금증이 들어 인터넷을 잠시 검색해 보았더니 이 구절을 가지고 "주께서는 우리 삶의 모든 종류의 막힌 담을 허물어 주신다"라는 주제의 일반적인 추상화도 종종 볼 수 있었다.

주께서 막힌 담을 허무신다. 무엇을 허무신다는 것일까? 이 CCM의 가사는 에베소서 2장에서 가져온 것이 분명하다. 에베소서 2장에 명시적으로 이 구절이 등장하기 때문이다.

> 그는 우리의 화평이신지라 둘로 하나를 만드사 원수 된
> 것 곧 중간에 막힌 담을 자기 육체로 허시고 (엡 2:14)

아마도 나는 성경을 제대로 읽지 않고 이 찬송을 불렀던 모양인데, 그런 점에서 이 구절을 살펴보면 '막힌 담'은 내가 상상했던 것과는 전혀 다르다. 나는 '담'을 생각할 때 '하나님과 우리 사이의 담'을 생각했지만, 에베소서가 말씀하고 있는 담은 '하나님과 우리 사이의 담'이 아니다. 여기서 말하고 있는 담은 '유대인과 이방인 사이의 담'이다.

> 그때에 너희는 그리스도 밖에 있었고 이스라엘 나라 밖의
> 사람이라 약속의 언약들에 대하여는 외인이요 (12절)

> 이제는 전에 멀리 있던 너희가 그리스도 예수 안에서 그

리스도의 피로 가까워졌느니라 (13절)

그는 우리의 화평이신지라 둘로 하나를 만드사 원수 된
것 곧 중간에 막힌 담을 자기 육체로 허시고 (14절)

"너희"는 서신을 받고 있는 에베소 사람들, 곧 유대인의 입
장에서 볼 때 '외인들'이고, "너희"에 대비되고 있는 쪽은 원래
하나님의 언약 안쪽에 있었던 유대인들이다. 에베소서 2장의
말씀의 뜻, 곧 "막힌 담을 허셨다"라는 것은 이 두 진영의 가로
막힌 벽을 하나님께서 허물어뜨리셨다는 것을 말한다. 이전에
유대인과 이방인들 간에 필연적으로 존재했던 막혔던 담! 그것
을 주님께서 부숴뜨리셨다.

이웃 사랑의 발생 지점이 주는 교훈

이 지점에서 '이웃 사랑'의 본연이 무엇인지 생각해야 한다.
에베소서가 말하고 있는 이 유대인과 이방인 사이의 막힌 담,
곧 이웃 간의 경계를 허물어뜨리는 근간이 무엇인지 말이다.
우리는 사사 시대를 고통의 시대라고 정의할 때, '두 돌판'
이 파괴된 시대가 고통의 시대라고 했다. 하나님 사랑의 상실은
'법의 상실'을 통해 하나님이 앉으셔야 할 왕좌에 내가 앉는 것
이고, 이웃 사랑의 상실은 요셉이 아브라함의 첫째 언약인 교회

의 보존을 위하여 쌓았던, 베냐민을 통해 확인한 다른 형제들의 사랑을 사사 시대가 부숴뜨린 것이다(2장 참조). 이 두 돌판을 박살낸다는 점에서 사사 시대가 고통의 시대이다.

그러면 바로 이때, '하나님 사랑'과 '이웃 사랑'이 상실된 시대 속에서 이 둘을 회복하기 위하여 하나님께서는 어떤 방식으로 일하셔야 할까? 고통의 시대를 돌이키기 위하여 하나님께서 구원자를 보내셔야 할 때 그 사람은 누구여야 할까? 하나님께서는 사사 시대를 종식하시기 위하여 어떤 종류의 사람을 사용하실 까? 여기서 우리가 잊지 말아야 하는 것이 바로 이 에베소서의 교훈이다. **'주께서'** 이웃 간의 담을 허무신다!

그렇다. 이것이 핵심이다. 주께서 '하나님과 우리 사이의 담' 을 허무실 뿐만 아니라, 바로 그 주께서만이 '이웃 사이의 담'도 허물어뜨리실 수 있다. 곧 고통의 시대의 부서진 두 돌판 회복 의 핵심은 언제나 '주께' 있으며, **'삶의 회복'은 언제나 '신앙의 회 복'을 통해서만 가능하다.**

만약 이웃 사랑의 회복이라는 것이 '사람 사이의 협정'을 통 해 이루어지는 일이라면 거기에는 하나님이 낄 자리가 없다. 사 람 사이의 약속과 그 준수가 있으면 될 일이다. 이것이 가능하 다면 하나님은 필요 없다.

하지만 문제는 그런 것이 가능하지 않다는 점이다. 좁은 관 계에서의 이웃 관계가 되었든, 노사 관계와 같은 비교적 객관적인 관계가 되었든, 아니면 극한으로 총부리를 겨누고 있는 관계가 되었든, 사람들 사이의 관계은 약속이 충돌할 때의 쌍방의 피해 때문에 마음이 동반되지 않더라도 더 큰 출혈을 막기 위해 겨우 버티고 있는 참음의 관계에 불과하다. 성경은 이런 것을 "둘 사이의 관계에서 담이 허물어졌다"라고 말하지 않는다. 그러므로 진정한 평화는 '사람 사이의 협정'을 통해 이루어지지 않는다. 우리는 으르렁거리면서 상대를 물지 않을 수 있을 뿐(그것도 겨우 겨우), 진정한 관계를 기대할 수는 없다. 우리는 어제까지 호형호제 하다가도 사기를 당하고 원수가 되는 경우를 많이 보면서 살아간다.

결국 우리는 이런 삶에서의 경험과 사람 사이의 협정의 연약성 같은 것을 통해, 그리고 무엇보다 궁극적으로 에베소서의 가르침을 통해, 하나님과의 관계 회복 뿐 아니라 이웃 사랑조차도 궁극적으로 그리스도를 통해서만 가능하다는 것을 발견한다. **하나님을 사랑하기 위해서 하나님 사랑이 필요할 뿐만 아니라 이웃을 사랑하기 위해서도 역시 하나님 사랑이 필요하다.** 사람 사랑조차 하나님을 통해서 사랑할 때만 진실로 사람을 사랑할 수 있다.

바로 이런 사실 때문에 우리는 고통의 시대로부터의 회복은 나와 우리 속에서 발동된 무엇인가를 고치거나 새롭게 하는 것을 통해서 가능하지 않다는 것을 어렴풋이 발견하게 된다. 하나님은 모든 것이 그분께 속하도록 세상을 만드셨으므로, 회복은 언제나 그분께로의 돌이킴을 통해 가능한 것이며, 이를 위한 중보자는 항상 그리스도이시다.

'체덱'과 '미쉬파트'

구약 성경에는 '의'라는 단어가 대표적으로 두 가지가 있다. 하나는 '체덱'(צֶדֶק, 남성형) 혹은 '츠다카'(צְדָקָה, 여성형)이며, 다른 하나는 '미쉬파트'(מִשְׁפָּט)이다. 성경에서는 둘 다 '의'라는 말이며, 우리말 번역에서는 '정의'와 '공의'라는 말이 명확하게 구별되지 않은채 혼용된다. 이전 번역인 개역한글판에는 훨씬 혼란스러웠는데, 개역개정판에서는 그나마 다소 일관되게 번역되었다. 대표적으로 이사야 9장 7절을 들 수 있다.

> (개역한글판) 지금 이후 영원토록 공평(미쉬파트)과 정의 (체덱)로 그것을 보존하실 것이라

> (개역개정판) 지금 이후로 영원히 정의(미쉬파트)와 공의 (체덱)로 그것을 보존하실 것이라

두 번역본을 비교해 보면 개역한글판이 '공평'이라고 한 것을 더 비슷해 보이는 '공의'로 번역하는 대신 개역개정판은 '정의'라고 번역했고, 개역한글판에서 '정의'라고 한 것을 오히려

'공의'로 번역했다. 개정판을 기준으로 말하자면 '정의'가 '미쉬 파트'이고, '공의'가 '체덱'이다. 예레미야 4장 2절도 마찬가지다.

> (개역한글판) 진실과 공평(미쉬파트)과 정의(체덱)로 여호 와의 삶을 가리켜 맹세하면

> (개역개정판) 진실과 정의(미쉬파트)와 공의(체덱)로 여호 와의 삶을 두고 맹세하면

마찬가지로 개역개정판은 개역한글판의 '공평'을 '정의'로, '정의'를 '공의'로 번역한 것을 알 수 있다. 역시 개역개정판을 기 준으로 말하자면 '정의'가 '미쉬파트'이고, '공의'가 '체덱'이다. 이 정도만 보면 개역한글판과 개역개정판이 차이만 있을 뿐 개역 개정판에서는 '정의', '공의'라는 단어로 이 '미쉬파트'와 '체덱'을 일관되게 번역한 것처럼 보이지만 그렇지 않다. 왜냐하면 이 두 단어의 용례로서 매우 중요하며, 하나님 나라의 속성이 무엇인 지를 현저하게 밝히는 가장 중요한 창세기 본문에서는 이유를 알 수 없으나 개역한글판의 번역을 전혀 고치지도 않았고, 앞의 이사야나 예레미야와 일관되게 번역하지도 않았기 때문이다. 창세기 18장 19절을 보자.

> (개역한글판) 내가 그로 그 자식과 권속에게 명하여 여호와 의 도를 지켜 의(체덱)와 공도(미쉬파트)를 행하게 하려고

(개역개정판) 내가 그로 그 자식과 권속에게 명하여 여호와
의 도를 지켜 의(체덱)와 공도(미쉬파트)를 행하게 하려고

앞의 '의'가 '체덱'이고, 뒤의 '공도'가 '미쉬파트'이다. 개역개
정판이 이전의 혼란스러웠던 개역한글판에 비해 비교적 일관
되게 '미쉬파트'를 '정의', '체덱'을 '공의'라고 번역했으니 창세기
18장 19절의 "의와 공도"는 사실 "공의와 정의"라고 번역했어야
한다. 하지만 일관되지 않다. 그러다 보니 사실 성경을 읽는 독
자의 입장에서는 우리 말 '정의'와 '공의'의 구분조차 명확하지
않은 입장에서 성경이 어떤 때는 '공평'이라 했다가, 어디에서는
'의'라 했다가, 또 다른 곳에는 '공의'라고 했다가, 또 비슷해 보이
는 말인데 '정의'라고 했다가 하니, 더욱 혼란스럽다. 비교적 간
략하게 정리를 해 보자면, 둘 다 '의'라는 의미를 갖고 있으나 그
나마 일관된 개역개정을 따라서 '체덱'을 '공의'로, '미쉬파트'를
'정의'로 항상 번역함이 좋을 것이다.

우리에게 지금 중요한 것은 번역의 문제는 아니니 이 정도로
하고 이 이야기는 잠시 접어두자. 우리에게 더 중요한 것은 이
두 단어, 곧 '체덱'과 '미쉬파트'의 의미 문제이다. 두 단어의 뜻은
무엇이며, 우리는 이 단어의 탐구를 통해서 하나님의 '의'에 관해
무엇을 생각해야 할까? 또 더 궁극적으로, 우리는 지금 사사 시
대를 종식시키는 이로서의 나실인을 살펴보려는 것인데, 이 두

단어의 의미를 여기서 말하는 것이 무슨 의미가 있을까?

체덱과 미쉬파트를 의미상 날카롭게 구분하는 것은 위험할 수 있지만, 충분히 의미 차이를 기대할 수 있다. 그리고 이 의미 차이를 통해서 하나님의 의가 어떤 방식으로 발동되는지의 원리를 이해할 수 있다.

먼저, '체덱', 곧 '공의'는 **'하나님의 근원적 속성'**이다. 신학사전에 의하면 이 단어는 '곧다'라는 말에서 유래했으며, '윤리적 도덕적 표준과의 부합'하는 것이다. 체덱은 하나님께도 사용되고 사람에게도 사용되지만, 사람에게 적용되더라도 그것은 '하나님의 법과 기준'에 맞추어진다는 의미이다. 그래서 '정의'보다는 '공의'이다. 이것은 내적 원리를 보여주기 때문이다.

약간 다르게, '미쉬파트'는 통상 '심판' 혹은 '재판'이라고 번역되기 때문에(구약에서 미쉬파트의 용례 중 약 400회가 '재판'에 사용된다) 체덱과 마찬가지로 '의'라는 의미를 담고 있음에도 불구하고 미쉬파트는 보통 **'적용된 의'**이다. 즉 하나님의 성품으로서의 의가 사람들에게 법령적으로 적용될 때 통상 이를 미쉬파트라고 부른다(날카롭게 구분되는 것은 아니기 때문에 어느 정도 혼용된다). 그래서 그런 의미에서 우리말에는 '정의'가 더 어울린다. 이 두 단어가 동시에 나오면서 의미적 구분이 다소 가능한 본문으로 레위기 19장 16절 같은 말씀을 들 수 있다.

> 너희는 재판할 때에 불의를 행하지 말며 가난한 자의 편
> 을 들지 말며 세력 있는 자라고 두둔하지 말고 '공의(체
> 덱)'로 사람을 '재판(미쉬파트)'할지며 (레 19:15)

레위기 19장 15절은 사람을 '재판(미쉬파트)'할 때, 그 기준이 되는 것을 '공의(체덱)라고 말한다. 즉 공의는 원형적인 것이며, 재판은 적용적인 것이다. 물론 체덱도 실제적으로 적용되는 곳이 많이 있고, 미쉬파트를 원리로 말하는 곳도 많기 때문에 지나치게 날선 구분은 위험할 수 있지만, 단어의 의미를 생각한다면 이는 다소 정확한 의미해석이다.

결국 우리는 여기에서 중요한 사실을 하나 알게 되는데, '하나님 사랑'이라는 계명의 첫째 돌판과 '이웃 사랑'이라는 계명의 둘째 돌판은, 긴밀하게 연계되어 있을 뿐만 아니라 두 번째의 것이 첫 번째의 것을 끊임없이 모사(模寫)하는 방식으로만 가능하고 기능한다는 것이다. 말하자면 이웃 사랑은 끝없는 하나님 사랑의 모사이며, 따라서 이웃 사랑의 회복, 곧 이웃에 대한 '의'의 회복은, **반드시 그 원형이 되시는 하나님의 근본적 의를 통해서만 가능하다**는 사실이다. 사랑의 회복은 반드시 하나님을 통해서만 일어난다!

한시적 제사장으로서의 나실인, 그리고 삼손과 사무엘

이 때문에 우리는 고통의 시대 속에서 하나님께서 회복자를 부르실 때 누가 필요한지를 비교적 선명하게 알 수 있다. 말하자면 하나님은 **'일상'을 회복하기 위해 '일상'을 회복하지 않으신다. 하나님은 '일상'을 회복하기 위해 '제의'를 회복하신다.** 신앙을 종교 생활쯤으로 여기는 이에게는, 교회를 가는 일이 주말의 한 일정에 불과할지 모르지만, 성경이 가르치는 올바른 신앙에서는 예배가 모든 것의 중추이다. 심지어 신자는 믿음이 없다면 밥도 먹을 수 없다![1]

이 사실을 깊이 숙고한다면, 하나님께서 고통의 시대를 종식하실 때 제의를 회복할 자를 세우실 것은 어쩌면 당연한 일이다. 그래서 사사 시대를 종식시키는 두 사람은 '나실인'으로 구별되었으며, **나실인은 '한시적 제사장'이다.**

1) 나실인의 의미

'나실인'이라고 할 때의 히브리어 '나지르'(נָזִיר)는 '나자르'(נָזַר)

---

1 신 8:3 - 사람이 떡으로만 살 것이 아니요 (만나는 믿음 때문에 하늘에서 양식이 주어지는 표상이다.)

에서 유래했으며, 기본적인 의미는 '성별된 자, 봉헌된 자, 분리된 것, 떼어 놓은 것'을 의미한다. 구약 성경에 이 단어는 총 16회 나온다.

'구별되었다' 혹은 '성별되었다'라는 말은 기본적으로 '거룩'을 떠올리게 한다. '거룩'이라는 말 히브리어 '카다쉬'(קָדַשׁ)의 본래 뜻이 '구별한다'는 의미이다. 그리고 이는 '소유' 개념과 연결되어 있는데, 성경에서 하나님께서 자신의 소유로 삼으시기 위하여 따로 분리해 놓은 것을 '거룩'이라고 부르기 때문이다. 자기 백성을 특별한 소유로 삼으시겠다는 출애굽기의 대표 구절이 이를 잘 보여준다.

> 세계가 다 내게 속하였나니 너희가 내 말을 잘 듣고 내 언약을 지키면 너희는 모든 민족 중에서 내 소유가 되겠고 너희가 내게 대하여 제사장 나라가 되며 거룩한 백성이 되리라 너는 이 말을 이스라엘 자손에게 전할지니라 (출 19:5-6)[2]

그러니 사실 성경에서 '거룩'과 '소유'는 긴밀히 연결되어 있다. '하나님의 것'이기 때문에 분리되었다. '하나님의 것'이기 때문에 거룩하다. 바로 이런 점에서 '나지르'가 같은 의미를 갖기

---

2 이 말씀 안에 '소유', '제사장', '거룩'이 모두 등장함에 유의하라.

때문에, '나실인'은 '거룩을 보여주는 사람', '거룩을 보여주기 위하여 따로 구별된 사람'이다. 즉 '나실인'은 '제사장'을 생각나게 한다. 제사장과 레위인이야말로 하나님께서 '거룩한' 이스라엘에서, 또 다시 따로 '거룩한' 자들로 구별한 이들이기 때문이다.

그리고 레위인에 대한 규례를 보면 하나님께서 애초에 이런 '거룩한 자들'을 가려 뽑으실 때, 사실 **전체 이스라엘**, 곧 모든 하나님의 백성을 대상으로 하고 있다는 것 또한 분명하게 발견할 수 있다. 민수기는 이스라엘 백성들 또한 애굽에서 모든 장자가 궤멸될 때[3] 함께 멸망당했어야 마땅하나, 오직 하나님의 은혜로 생명을 보장받을 수 있었으며, 하나님께서 바로 이 사실 때문에 이스라엘 백성 모두에 대하여 소유권을 갖고 계시며, 그 대표자로서 레위인을 세우셨다는 것을 말씀하고 있다.

> 보라 내가 이스라엘 자손 중에서 레위인을 택하여 이스라엘 자손 중에 태를 열어 태어난 모든 자를 대신하게 하였은즉 레위인은 내 것이라 처음 태어난 자는 다 내 것임은 내가 애굽 땅에서 그 처음 태어난 자를 다 죽이던 날에 이스라엘의 처음 태어난 자는 사람이나 짐승을 다 거룩하게

---

3 장자는 '모든 자식'의 상징이다. 창 49:3 - 르우벤아 너는 내 장자요 내 능력이요 내 기력의 시작이라; 신 21:17 - … 장자로 인정하여 자기의 소유에서 그에게는 두 몫을 줄 것이니 그는 자기의 기력의 시작이라; 시 105:36 - 또 여호와께서 그들의 기력의 시작인 그 땅의 모든 장자를 치셨도다.

구별하였음이니 그들은 내 것이 될 것임이니라 나는 여호와이니라 (민 3:12-13)

주제를 정리해 보면 대략 이러하다.

- '거룩'과 '구별'이 어떤 방식으로 연결되어 있는지 알려준다. "이스라엘의 처음 태어난 자는 사람이나 짐승을 다 거룩하게 구별하였음이니"

- '거룩' 혹은 '구별'과 '소유'가 어떻게 연결되어 있는지도 알려준다. "레위인은 내 것이라 ... 다 거룩하게 구별하였음이니 그들은 내 것이 될 것임이니라."

- 레위인이 어떻게 전체 이스라엘을 대표하며, 또 전체 이스라엘이 왜 '거룩한 백성'이 되는지도 알려준다. 레위인은 이스라엘에 처음 태어난 자들 모두의 대표였다. 레위인들은 일종의 '장자들의 총회'(히 12:23)였다. 그리고 하나님께서 소유권을 주장하시는 이유는 '애굽에서 모두 죽이던 날 너는 죽지 아니하였기 때문'이므로 그들의 생존은 그들이 의 때문이 아니었고 오직 하나님께 소유되었기 때문이었다.

레위인과 제사장은 이스라엘 백성 전체를 대표하여(이스라엘 전체도 거룩하다) 이 '거룩'을 드러내도록 가려 뽑힌 이들이었으며, 내용상 나실인 역시 이러한 레위인이나 제사장과 같은 성격을 지녔다. 사사 시대의 고통을 제거하기 위하여 '거룩한 자들', 곧 제사장과 같은 이들이 필요했다. 하나님께서 두 나실인을 통하여 사사 시대를 종식하려 하신 이유가 이것이다. **제의의 회복이 곧 삶의 회복**이다.

2) 제사장 규례와 나실인 규례의 비교

나실인이 '한시적 제사장'이었음은 방금 살핀 '나지르'의 의미만으로도 충분하지만, 나실인에게 요구되었던 금지 조항과 제사장에게 요구되었던 금지 조항을 비교해 보면 이 사실은 더욱 분명해진다.

레위기에 제사장이 하지 말아야 할 일들이 나온다. 첫째, 제사장들은 포도주나 독주를 마셔서는 안 되었다.

> 여호와께서 아론에게 말씀하여 이르시되 너와 네 자손들이 회막에 들어갈 때에는 포도주나 독주를 마시지 말라 그리하여 너희 죽음을 면하라 이는 너희 대대로 지킬 영영한 규례라 (레 10:8-9)

둘째, 제사장들에게는 머리를 미는 것이 금지되었다.

> 제사장들은 머리털을 깎아 대머리 같게 하지 말며 자기의 수염 양쪽을 깎지 말며 살을 베지 말고 (레 21:5)

셋째, 제사장들은 시체를 가까이 해서는 안 되었는데, 심지어 자기 부모가 죽더라도 가까이 할 수 없었다.

> 자기의 형제 중 관유로 부음을 받고 위임되어 그 예복을 입은 대제사장은 그의 머리를 풀지 말며 그의 옷을 찢지 말며 어떤 시체에든지 가까이 하지 말지니 그의 부모로 말미암아서도 더러워지게 하지 말며 (레 21:10-11)

그리고 나실인 규정은 민수기 6장에 나오는데 제사장들에게 명령한 것과 완전히 똑같다. 첫째, 포도주와 독주를 마시지 말 것. 더불어 포도에서 나오는 씨나 껍질조차 먹지 말 것.

> 이스라엘 자손에게 전하여 그들에게 이르라 남자나 여자가 특별한 서원 곧 나실인의 서원을 하고 자기 몸을 구별하여 여호와께 드리려고 하면 포도주와 독주를 멀리하며 포도주로 된 초나 독주로 된 초를 마시지 말며 포도즙도 마시지 말며 생포도나 건포도도 먹지 말지니 자기 몸을 구별하는 모든 날 동안에는 포도나무 소산은 씨나 껍질이라도 먹지 말지며 (민 6:2-4)

둘째, 머리에 삭도를 대지 말 것.

> 그 서원을 하고 구별하는 모든 날 동안은 삭도를 절대로 그의 머리에 대지 말 것이라 자기 몸을 구별하여 여호와께 드리는 날이 차기까지 그는 거룩한즉 그의 머리털을 길게 자라게 할 것이며 (민 6:5)

셋째, 시체를 가까이 하지 말 것.

> 자기의 몸을 구별하여 여호와께 드리는 모든 날 동안은
> 시체를 가까이 하지 말 것이요 그의 부모 형제 자매가 죽
> 은 때에라도 그로 말미암아 몸을 더럽히지 말 것이니 이
> 는 자기의 몸을 구별하여 하나님께 드리는 표가 그의 머
> 리에 있음이라 자기의 몸을 구별하는 모든 날 동안 그는
> 여호와께 거룩한 자니라 누가 갑자기 그 곁에서 죽어서
> 스스로 구별한 자의 머리를 더럽히면 그의 몸을 정결하
> 게 하는 날에 머리를 밀 것이니 곧 일곱째 날에 밀 것이며
> (민 6:6-9)

나실인과 제사장의 금지 목록은 똑같다. 단지 차이가 있다
면 제사장은 날때부터 죽을 때까지 종신직이었던 것에 반해 나
실인은 '한시적 제사장'이라는 점 뿐이다. 민수기의 나실인 규례
를 보면 이 제도는 일시적으로 서원하여 나실인이 되었다가 기
한이 차면 다시 원래의 상태로 돌아간다. "자기 몸을 구별했던
날이 끝났을 때"(민 6:13) 다시 평상으로 돌아가게 되는 의식이
기록되어 있다(민 6:13-20).

3) 나실인으로 태어난 삼손과 사무엘

삼손과 사무엘에게는 날 때부터 이 조건들이 명시된다. 따
라서 이들은 '독특하게도' 평생을 나실인으로 바쳐졌다는 점에

서 일반적이지 않지만, 어쨌거나 그들이 나실인이라는 점은 분명하다.

삼손의 경우는 "나실인"이라는 표현이 직접 나온다. 사사기 13장 5절에 삼손이 태어날 때 이미 그는 '평생 나실인'으로 지정되었다.

> 그러므로 너는 삼가 포도주와 독주를 마시지 말며 어떤 부정한 것도 먹지 말지니라 보라 네가 임신하여 아들을 낳으리니 그의 머리 위에 삭도를 대지 말라 이 아이는 태에서 나옴으로부터 하나님께 바쳐진 **나실인이 됨이라** 그가 블레셋 사람의 손에서 이스라엘을 구원하기 시작하리라 하시니 (삿 13:4-5)

문자적으로 "하나님께 바쳐진 나실인이 됨이라"라는 말씀과 나실인 규정에 나왔던 요소들 또한 여기 반복되고 있음을 볼 수 있다. "삼가 포도주와 독주를 마시지 말 것"(독특하게도 어머니에게, 하지만 삼손 자신에게도 해당된다. 삿 13:13-14 참고), "머리 위에 삭도를 대지 말라", 삼손은 그야말로 민수기의 나실인 규례가 '날 때부터 적용된', 특별한 나실인이었다.

삼손은 우리가 앞서 살펴본 대로 "블레셋 사람의 손에서 이스라엘을 구원하기 시작하는 이"로 언급되는데, 이 '구원의 시작'과 '나실인 됨'이 붙어 있다. 그러므로 우리는 하나님께서 사사 시대를 종식하시는 이 구원의 시작을 위해 다름 아닌 나실인을 필요로 하셨었다는 사실을 어렵지 않게 알 수 있다.

사무엘의 경우 역시 마찬가지로, 민수기의 나실인 규례를 잘 아는 사람이라면 그에게 주어진 말씀도 '나실인'을 지칭하는 것임을 쉽게 알 수 있다. 사무엘상 1장 11절에서 한나는 사무엘을 위하여 기도할 때 이렇게 말한다.

> … 주의 여종을 잊지 아니하시고 주의 여종에게 아들을 주시면 내가 그의 평생에 그를 여호와께 드리고 삭도를 그 머리에 대지 아니하겠나이다 (삼상 1:11)

"삭도를 그 머리에 대지 않겠다"라는 것은 태어날 사무엘이 나실인이 될 것이라는 의미이다. 한나가 자신에게서 태어날 아이가 어떻게 나실인으로서 이스라엘의 구원자가 될 것인지를 알 수 있었는지에 대하여는 우리로서는 알 길이 없으나, 분명한 것은 그녀의 마음속에 이미 사무엘이 나실인으로 하나님께 드려진다는 개념이 명백했다는 사실이다.

제사장을 통한 구원: 고통의 시대, 하나님은 무엇을 요구하시는가?

케플러에게 과학 활동의 최종 목적은 자기의 명성이 아닌 하나님의 영예였다. '오직 모든 영혼들의 아버지가 되시는 하나님의 이름만 높아진다면 내 이름은 사라지게 해 주십시오'(케플러가 갈릴레오의 친구인 브루스에게 쓴 편지, 1603년 9월 4일). 그는 과학을 통해 이런 순전한 봉사를 할 수 있도록 하나님께 구하면서 살았다. '하나님께서 내 영혼을 강하게 하셔서 저로 순전한 진리를 보게 이끄시고, 어떤 것에든 이 진리를 나타내게 하시고, 저로 오늘날 흔히 보는 것처럼 사람들이나 부수적인 것들을 높이거나 반대로 멸시함으로써 잘못 가지 않도록 하여 주옵소서'(『신성(新星)』에서). 이렇게 케플러의 과학은 하나님의 영예와 영광에 대한 생각으로 가득 차 있다.[4]

대학교 때 후배 하나가 얼굴빛이 상기되어 나에게 뛰어 와 "형! 놀라운 사실을 알게 되었어요!"라고 하면서 이야기를 했던 적이 있다. 창조과학회 강의를 듣고 왔던 그 후배는 여리고 성이 무너진 것이 '공진의 원리'라고 하면서, 여리고를 돌던 사람들이 함성을 질렀을 때 그 함성의 주파수가 성의 재료의 공진 파동과 일치하여 성이 무너진 것이라고 하는 내용을 듣고 매료된 것이다. 나는 그 후배에게 이렇게 말했다. "너는 여리고가 무너진 것이 공진이어야만 믿는 거냐?"

---

4 성영은, 『케플러 : 신앙의 빛으로 우주의 신비를 밝히다』 (서울: 성약, 2011), 226.

오늘날 우리가 살아가는 시대는 케플러가 고백한 것과는 정반대의 시대이다. 케플러는 '삶'에서 '하나님의 흔적'을 발견하기를 원했다. 하지만 현대는 '신앙'이 '과학'의 입증을 받기를 기대한다. 그러나 성경이 지지하는 우리의 믿음은 언제나 거꾸로다. **제의가 일상을 통해 지탱되지 않는다. 일상이 제의를 통해 지탱된다.** 삶의 무게는 영혼의 해방을 통해 회복된다. 그 반대가 아니다. 구약 성경 역사를 보면 하나님께 대한 신앙이 파괴되었을 때 반드시 인간의 포학이 뒤따랐지만, 이 벌어진 포학의 회복은 **다시 인간의 행실을 주워담는 것을 통해 이루어지지 않았다.** 넘쳐흘러 버린 악행들은 '신앙의 회복'을 통해서만 거슬러졌다.

고통의 시대는 하나님께로 돌아가는 일을 통해 시행되고, 따라서 하나님께는 '강력한 제사장'이 필요했다. 우리는 제사장 나라다.[5] 그렇다면 제사장 나라에게 필요한 것은 기독교 윤리 실천 운동 같은 것이 아니라, '신앙의 회복'이다.

하나님께서는 나실인들을 통하여 사사 시대, 곧 이 고통의 시대를 끊기 원하셨다. 그리고 앞서 말한 내용이 모두 사실이라면 나실인은 구별된 특별한 제사장이어야만 한다. 망가진 삶은

---

5 벧전 2:9 - 그러나 너희는 택하신 족속이요 왕 같은 제사장들이요 거룩한 나라요 그의 소유가 된 백성이니 …. 앞의 출애굽기 19장에서도 그러했듯이 베드로전서에도 '구별', '거룩', '소유'가 모두 한꺼번에 나온다.

특별한 제사장들을 통해서만 회복될 수 있기 때문이다.

이제 우리는 이후의 장을 통해서 나실인을 주셔서 이루시는 하나님의 구원 사역, 특히 최후의 나실인이신 그리스도께서 완성하시고 성취하시는 이 은혜의 사역을 묵상할 것이다. 이 일을 위하여 나실인 규례와 그 의미가 어떤 방식으로 사사 시대 종식의 두 구원자에게, 또 그리스도에게서 이루어지는지를 살필 것이다. 주제는 네 가지이다. 처음 것은 두 사사들의 출생의 의미에 관한 것이고, 나머지 셋은 나실인 규례들이다.

> 첫째, 불임에서 나타나는 하나님 나라의 성격
> 둘째, 포도주 금지
> 셋째, 삭발 금지
> 넷째, 시체와의 접촉 금지

성경은 그림책이 아니지만 퍼즐이 맞춰지는 때의 강렬한 기쁨은 다분히 '신적 의도'일 것이다. 우리는 구속 역사 속에서 계획된 하나님의 의도의 흔적을 읽고, 그 요소들이 레이저처럼 투사해주고 있는 우리의 주 그리스도께로 우리의 시선을 집중한다. 나실인은 사사 시대 종식을 위한 하나님의 방책이셨고, 바로 그리스도께서 '그 나실인'이시다.

(2) 사사 시대의 종결자, 나실인

우리가 사사 시대의 슬픔을 발견하는 것 만큼이나 주목해야
하는 점은 하나님께서 이 사사 시대에 반응하셨다는 점이다. 하
나님은 사사 시대를 끊으신다. 이 사실은 모든 시대의 신자들에
게 희망을 준다. 우리는 스스로 죄를 이길 수도, 악을 궤멸할 수
도 없으며, 용사이기는커녕 적에게서 도망치기 바쁜 명백한 오
합지졸이지만 하나님께서 싸우시고, 하나님께서 끝내시겠다
고, 곧 이 고통의 시대를 끊으시겠다고 말씀하시므로 우리는 희
망을 가질 수 있다. 모든 시대의 고통 가운데 있는 신자들, 하나
님 없음으로 인해 절망 속에 있는 신자들은 소망을 가져도 좋
다. 그분께서 친히 싸우시고 이기실 것이기 때문이다.

하나님은 사사 시대의 종식을 '세 방향'으로 지시하셨다. 위
대하고 놀랄 만한 정도의 패악이 사사 시대에 행해진 것이 사실
이라면, 동시에 위대하고 놀랄 만한 정도의 해결책이 주어진 것
또한 사실이다. 하나님은 사사 시대의 종식을 무려 '세 방향'으
로 지시하셨다.

첫째와 둘째는 역사 속에서 두 사사를 통해서 종식하신 것
이고, 셋째는 이것의 신학적 해석이다. 첫째는 삼손으로부터의
종식이고, 둘째는 사무엘로부터의 종식이며, 셋째는 동일한 사
사 시대에 해당하는 룻기의 해설이다.

룻기가 보여주는 사사 시대 종식의 핵심

룻기의 시작은 "사사들이 치리하던 때"(룻 1:1)이다. 말하자면 "이 책은 사사 시대를 상정하고 읽으시오."라는 의미이다. 그리고 책의 첫머리에 '베들레헴'에 살던 한 가정이 '모압'으로 옮겨간다. 무려 양식 문제 때문이다. '베들레헴'이라는 말은 '집'이라는 뜻의 '베이트'와 '떡'이라는 뜻의 '레헴'이 합쳐진 말이다. 말하자면 '떡집'이다. 그런데 떡집에 살던 이들이 떡이 떨어져 모압으로 옮겨간다. 왜일까?

레위기 26장은 언약 저주가 나오는 장인데 여기에서 양식의 문제, 생계의 문제는 "청종하지 않음"과 관련되어 있다. 하나님은 이스라엘이 청종치 않을 때 "하늘을 철과 같게, 땅을 놋과 같게"(19절) 하실 것이며, "땅은 산물을 내지 않고 나무는 열매를 맺지 않을 것"(20절)이라고 말씀하셨다.

그렇다면 약속의 땅에서의 결핍은 백성의 불순종과 관련되어 있다. 아니, 애초에 약속의 땅은 물리적인 자연의 문제가 아니라 '믿음의 여부'가 생존과 관련되어 있었다. 신명기는 이스라엘 백성이 들어가서 얻을 가나안 땅을 묘사할 때

> 네가 들어가 차지하려 하는 땅은 네가 나온 애굽 땅과
> 같지 아니하다 (신 11:10)

라고 하면서

> 거기에서는(애굽에서는) 너희가 파종한 후에 발로 물 대기
> 를 채소밭에 댐과 같이 하였거니와 너희가 건너가서 차지
> 할 땅은 산과 골짜기가 있어서 하늘에서 내리는 비를 흡
> 수하는 땅이요 네 하나님 여호와께서 돌보아 주시는 땅이
> 라 연초부터 연말까지 네 하나님 여호와의 눈이 항상 그
> 위에 있느니라 (신 11:11-12)

라고 하였다. 즉 약속의 땅은 애초에 애굽과 같이 "파종한 후에
발로 물 대기를 통한", 곧 '사람의 힘과 노력'에 의해 생존이 결
정되는 땅이 아니다. 오직 "하늘에서 내리는 비를 흡수하는"[히.
쇼타(שָׁתָה), 마시다] 땅, 그러니까 오직 하늘로부터 내리는 은총
으로 살게 되는 그런 땅이었던 것이다.

그렇다면 약속의 땅에서의 기근, 흉년, 양식의 핍절, 전염병
이나 전쟁의 발발은 항상 '언약에의 불순종'과 뗄 수 없다. 왜 떡
이 없었을까? 첫 구절에 이미 답이 있지 않은가? "사사들이 치
리하던 때에 …" 그렇다, 사사 시대였기 때문이다. 고통의 시대,
불순종의 시대였기 때문이다. 엘리멜렉의 가족이 약속의 땅을
등질 수밖에 없었던 생존의 문제, 곧 '떡의 문제'는 그들의 시대
가 불순종의 시대, 고통의 시대였기 때문이다.

그렇다면 불순종으로 인한 언약 저주에서 살아남는 법, 이

기근의 고통에서 놓임받는 방법은 무엇인가? 언제나 언약 저주에 대한 해답은 오직 하나, 곧 **'하나님께로 돌이키는 것'**이다. 하지만 룻기에서 엘리멜렉의 가족은 언약 저주에 믿음과 회개로 반응하는 대신 약속의 땅을 버리고 이방 땅 모압으로 도망친다. 우리는 엘리멜렉 가족의 모습을 보면서 입에 풀칠을 할 수만 있다면 약속의 땅 따위는 버리겠다는, 수많은 시대에 많이 보아온 익숙한 군상을 보게 된다.

그렇게 행동한 그들에게 일어난 일은 무엇인가? 성경을 지나치게 온갖 상징으로 가득찬 책으로 읽는 것은 곤란하지만, 그럼에도 성경이 자주 유비적으로 하나님과 이스라엘의 관계를 부부 관계에 비추어 보여주는 것도 사실인데, 이런 관점에서 '과부'는 종종 '남편 하나님을 잃은 이스라엘'의 상징이다. 과연 이 집안은 **남편이란 남편은 모조리 죽고 과부들만 남는다.** "나오미의 남편 엘리멜렉이 죽고"(룻 1:3), 두 아들 "말론과 기룐" 모두 죽는다(5절). 시모 나오미와 두 며느리만 남는다. 남편 없는 과부들만 남은 집, 그야말로 하나님을 떠난 이스라엘의 정황 그대로다. 룻기는 '사사 시대'와 그에 대한 믿음 없는 대응, 그리고 그 대응이 낳은 결과물로서의 '과부 이스라엘'을 보여준다. 이것이 룻기의 시작이다.

그리고 룻기는 어떻게 이 사사 시대가 끝나는지를 말하는 것으로 이 책을 맺는다. 룻기는 "오벳은 이새를 낳았고 이새는 다윗을 낳았다"(룻 4:22)라는 말로 끝난다. 겉으로 보기에는 패가망신한 듯한 집안이 한 남자로 인하여 다시 세워지는 이야기로 보이는 책이, 혹은 소위 한국 드라마에서 너무나 많이 보아온 신데렐라 스토리 같은 로맨스물로 보이는 책이(부자 보아스를 만난 신데렐라 룻), 왜 '왕가의 족보'로 마무리를 지으며, 그 중특별히 '다윗'으로 마치는가?

마태복음의 족보에서 다윗은, 다른 많은 인물 역시 왕이었음에도 불구하고 아무도 왕으로 불리지 않는데 반해 홀로 '왕'으로 불린다.[6] 이유는 간단하다. 다윗이야말로 '왕의 대표자'이기 때문이다. 그렇다면 룻기가 이 다윗의 족보로 마치는 이유 역시간단하다. 이 보아스와 룻이 바로 **'왕을 낳았다'**는 이야기다. 보아스와 룻을 통하여 '다윗', 곧 왕이 왔다는 이야기다. 사사 시대가 끝났다는 이야기다. 그렇다. 룻기의 시작은 '사사 시대'라고말하는 것으로 시작했다. 그렇지만 룻기는 마지막을 '다윗 왕'으로 맺음으로써, 바로 이 사사 시대가 마무리되고 있다는 것을말하고 있다.

그러면 어떻게 이 종식이 왔는가? 룻은 모압 여자였다. 하지만 '신을 선택해야 하는 상황'이 왔을 때, 같은 처지에 있었던 다

---

6 마 1:6 - 이새는 다윗 '왕'을 낳으니라

른 며느리 오르바는 "자신의 신들에게 돌아갔지만",[7] 룻은 "어머니의 백성, 어머니의 하나님"을 붙잡는다.[8] 룻의 충성은 고부간의 갈등이나 애정의 문제가 아니다. 룻은 여호와를 택하였다!

뿐만 아니라 풍족하게 나갔다가 비어 돌아온(룻 1:21) 나오미의 가정에서 룻은 생계 때문에 약속의 땅을 내팽개쳤던 엘리멜렉의 가족과 달리 '여호와의 율법'에 의지하여 생계를 이어갈 방식을 선택한다. 과부와 고아, 가난한 자들을 위한 율법이 제공하는 생계적 방편이었던 '밭의 이삭을 줍는 일'을 택했다.[9]

그리고 룻이 궁극적으로 의지한 것이 무엇이었는지에 관한 결정적인 문구는 이 룻기 전체의 핵심이 되는 '룻이 보아스와 만나는 날 밤의 이야기'에서 확연히 드러난다. 룻이 어머니의 명을 따라 추수 때 타작마당의 보아스의 침실로 숨어들었을 때, 그녀가 음탕한 행실을 한 것이 아닌 이유는, 그녀의 행실이 룻기에서 이렇게 묘사되기 때문이다.

----

7 룻 1:15 - 그 백성과 그 신에게로 돌아가나니
8 룻 1:16 - 어머니의 백성이 나의 백성이 되고 어머니의 하나님이 나의 하나님이 되시리니
9 신 24:19 - 네가 밭에서 곡식을 벨 때에 그 한 뭇을 밭에 잊어버렸거든 다시 가서 가져오지 말고 나그네와 고아와 과부를 위하여 남겨두라 그리하면 네 하나님 여호와께서 네 손으로 하는 모든 일에 복을 내리시리라

אָנֹכִי רוּת אֲמָתֶךָ וּפָרַשְׂתָ כְנָפֶךָ עַל־אֲמָתְךָ (룻 3:9)

나는 당신의 여종 룻이오니 당신의 옷자락을 펴 당신의
여종을 덮으소서

룻의 이 말은 정확하게 앞서 보아스가 한 말에 대한 응답이다.

יְהוָה אֱלֹהֵי יִשְׂרָאֵל אֲשֶׁר־בָּאת לַחֲסוֹת תַּחַת־כְּנָפָיו (룻 2:12)

이스라엘의 하나님 여호와께서 그의 날개 아래에 보호를
받으러 온 네게 온전한 상 주시기를 원하노라

룻이 처음 보아스의 밭에 이삭을 주으러 왔을 때, 그녀가 누
구인지 물은 보아스는 룻의 이야기를 들었다고 말하면서 그녀
를 칭찬한다. 왜냐하면 그녀가 **"여호와의 날개 아래 보호를 받
으러" 왔기 때문**이다. 갈 바를 알지 못하는 모압 여자가 이스라
엘의 하나님 여호와를 의지하여 믿음의 결심을 하여 왔으므로
그는 성령님께 감동되어 외쳤다. "그분의 날개 아래 보호를 받
으러 온 너를 주께서 외면하지 않으시리라!"

히브리어에서 "당신의 옷자락을 펴 당신의 여종을 덮으소
서"라고 할 때의 "옷자락"과 "여호와의 날개"라고 할 때의 "날개"
는 같은 단어이다. 즉 룻이 당시의 율법이 규정하고 있었던 수
혼제에 의지하여 '기업 무를 자'였던 보아스를 의탁하기로 한 것
은 인간적 방법을 좇음이 아니라 '여호와의 날개 아래 숨기를 원
하였던 것'이다. 여기서 보아스는 룻이 "연소한 자를 좇지 않았

다"고 말한다(룻 3:10). 이는 룻의 선택이 정욕의 것이 아니었다는 의미이다. 따라서 '보아스의 옷자락'은 '여호와의 날개'이다.

룻기는 과부가 된 이스라엘이 무엇을 통하여 다시 회복될수 있는지를 분명히 보여준다. **과부가 된 이스라엘은 남편 하나님의 날개 아래 보호를 받는 방법을 통해서만 회복될 수 있다.** 하나님은 심지어 행음한 여인 디블라임의 딸 고멜 같은 이스라엘조차 아내로 삼으셨다(호 1:2-3). 하나님은 이스라엘이 음행하였으므로 '로루하마', 곧 "다시는 사하지 않으리라"(호 1:6), '로암미', 곧 "내 백성이 아니라"(호 1:9)라고 하셨으나,[10] 마음이 타들어 가는 듯하여 참을 수 없어 곧 다시 말씀하신다.

> 너희 형제에게는 암미라 하고 너희 자매에게는 루하마라
> 하라 (호 2:1)

날개 아래 숨은 자는 멸망 당하지 않는다. 하나님은 자비하신 분(출 22:27)이시기 때문이다. 예수님의 탄식을 기억하는가?

> 예루살렘아 예루살렘아 … 암탉이 그 새끼를 날개 아래
> 에 모음 같이 내가 네 자녀를 모으려 한 일이 몇 번이더냐
> 그러나 너희가 원하지 아니하였도다 (마 23:37)

---

10 히브리어에서 '로'는 영어의 not과 같다.

날개 아래 숨은 자는 멸망 당하지 않는다. 사사 시대가 아무리 극심하더라도, 하나님은 그분께 숨어 들어가는 죄인을 사랑하신다. "우리가 아직 죄인 되었을 때에 그리스도께서 우리를 위하여 죽으심으로 하나님께서 우리에게 대한 자기의 사랑을 확증하셨느니라"(롬 5:8) 룻은 여호와의 날개 아래 피했다.

그러므로 룻기에서 구원의 방법은 이 구원자, 보아스를 통해서이다. 여호와의 날개가 되었던 보아스의 옷자락을 통해 하나님은 이스라엘을 구속하신다. 그리고 이때 이 구속의 방식인 '고엘 제도', 곧 '기업 무르는 제도'는 용어 자체에 '구속'을 담고 있다. 왜냐하면 히브리어에서 고엘의 동사형인 '가알'(גָּאַל)은 "기업을 무르다"라는 뜻이면서 동시에 "구속하다"라는 뜻이기 때문이다. 즉 기업 무르는 제도 자체가 구원이다.

룻기의 한편에는 양식(糧食), 곧 현실의 문제 때문에 약속의 땅을 떠난 사사 시대의 전형이, 그래서 과부가 되어 버린 이스라엘이 있다. 하지만 하나님은 저 먼 이방 땅에서, 한 믿음의 여성을 부르셔서, 그녀로 하여금 사사 시대를 탈출할 방법을 보여 주고 계신다. 사사 시대를 종식시키는 방법은 하나다. **다시 남편에게로 돌아가는 것이다.** 그리고 그 구원의 완성자는 우리를 대속하여 **대신 기업을 물러주시는 구속자 그리스도**시다. 오직 그분을 통해서만 사사 시대는 종식될 수 있다. 룻기의 마지막은 이렇다.

베레스의 세계는 이러하니라 베레스는 헤스론을 낳았고
헤스론은 람을 낳았고 람은 암미나답을 낳았고 암미나답
은 나손을 낳았고 나손은 살몬을 낳았고 살몬은 보아스를
낳았고 보아스는 오벳을 낳았고 오벳은 이새를 낳았고 이
새는 다윗을 낳았더라 (룻 4:18-22)

삼손을 통한 종식의 시작

룻기가 사사 시대 종식의 **'신학'**을 보여주고 있다면 Actor,
곧 실제 무대 위의 두 주인공은 '삼손'과 '사무엘'이다. 사사기와
사무엘서는 **삼손을 '사사 시대의 종식을 여는 자'로, 사무엘을
'사사 시대의 종식을 닫는 자'로** 묘사하고 있다. 하나님께서는
구속자 그리스도를 통하여 사사 시대, 곧 고통의 시대를 종식하
시는데, 바로 이 일을 보여주는 이로 사용되는 두 사람이 삼손
과 사무엘이다.

먼저 하나님은 삼손을 통해 이 사사 시대의 종식을 **시작**하
신다. 삼손의 시대에 대해 알아두어야 할 점은 삼손의 시대는
그야말로 사사 시대의 최악의 저점(低點)이었다는 것이다. 사사
기 전체에는 일종의 '사이클'이 있다. 그것은 "죄-심판-회개-구
원"의 사이클이다.

백성의 **죄**

그 부르짖음에 대한
응답으로서 하나님께서
보내주신 사사의 **구원**

하나님의 **심판**으로서의
이방의 침입과 압제

심판에 대한
하나님의 백성들의
회개와 부르짖음

이 사이클은 사사기 전체, 모든 사사에게서 반복된다. 그러나 마지막 사사인 삼손의 때에 이르면 이 사이클이 파괴된다. 이 사이클의 바퀴 중 '회개'라는 바퀴가 사라져버린다. 백성들이 더 이상 회개하지 않는 것이다. 회개하지 않으니 사이클은 돌지 않는다. 수레가 전진해야 하는데 한쪽 바퀴가 붕괴되어 수레 전체가 전복될 지경에 이르게 된 것이다.

삼손은 이런 바퀴가 망가진 사이클의 시대에 회개하지 않는 백성들에게 일방적으로 하나님께서 내려주신 사사였다. 그러므로 그는 '**고통스런 구원자**'였다. 백성이 원하지 않는 구원자! 요청되지 않은 구원자! 환영받지 못하는 구원자! 하나님이 구원하시기 원하시지만, 정작 백성들은 원하지 않는다.

그러므로 삼손은 이전의 사사들처럼 이스라엘의 지원을 받으며 원수 블레셋과 싸우는 것이 아니라 '이스라엘과 블레셋이 화친한 가운데'(여자의 후손과 뱀의 후손이 적개심 대신 평화를 가지게 되었을 때) 홀로 블레셋과 싸우기 때문에 도리어 '이스라엘의 구박을 받는' 희한한 구원자의 위치에 처해 있게 된다. 사사기 15장에 보면 블레셋이 유다에 올라와 진을 치자 유다 사람 삼천 명이(블레셋 사람이 아니다. 유다 사람이다!) 삼손에게 가서 삼손을 결박하여 블레셋에게 넘겨주는 장면이 나온다. 그들에게 삼손은 블레셋과 조용히 지내고 싶은데 들쑤시고 다니는 눈엣가시였다.

그야말로 삼손의 시대는 **'죄와 의'가, '교회와 세상'이 완벽하게 결탁한 시기**였다. 이런 시기에 하나님이 보내신 구원자는 뜬금없다. 구원받을 사람이 원하지 않는 구원을 베풀어야 하니 이를 위해 싸우는 삼손은 이스라엘이 보기에는 그저 물의를 일으키는 난봉꾼이 되어 버렸다.

그렇지만 하나님은 이 삼손을 통하여 이스라엘을 구원하기 '시작'하시겠다고 말씀하신다. 삼손의 역할이 '종식의 시작'인 이유는 사사기 13장 5절에서 하나님께서 삼손의 어머니에게 삼손의 수태를 고지할 때 그가 "구원의 시작"이라고 명시적으로 말씀하시기 때문이다.

보라 네가 임신하여 아들을 낳으리니 그의 머리 위에 삭도를 대지 말라 이 아이는 태에서 나옴으로부터 하나님께

바쳐진 나실인이 됨이라 그가 블레셋 사람의 손에서 **이스**
라엘을 구원하기 시작하리라 하시니 (삿 13:5)

그렇다. 삼손은 날 때부터 명명된, '이스라엘 구원의 시작'이
었다. 그러면 이 '구원의 시작'이란 구체적으로는 무엇일까? 삼
손은 어떤 방식으로, 아니 무엇을 통하여 이스라엘을 구원하기
시작하는 것일까?

정확한 질문으로 상황이 명백하게 드러난다. 만약 삼손의
시대가 하나님의 백성이 죄와 결탁되어 더 이상 구원받을 필요
를 느끼지도 못하고 살고 있던 고통의 시대의 저점이라면, 여기
로부터의 구원은 무엇으로부터 시작해야 할까? 이런 시대에 '구
원의 시작'은 무엇이어야 할까?

삼손의 역할, 곧 구원의 시작으로서의 역할은 바로 **'잃어버**
린 적개심의 회복'이다. 하나님은 창세기 3장 15절에서 사람이
죄와 붙어 파국으로 치달았을 때, 그 죄의 멸망으로부터 인간을
떼 내어 구원으로 옮기시기 위하여 행하셨던 일을 여기에서도
동일하게 행하신다.

내가 너로 여자와 원수가 되게 하고 (창 3:15)

과연 하나님은 삼손을 통하여 원수 블레셋과 야합한 이스라
엘 사이에 '적개심'을 두신다. 이것이 삼손이 한 일이다. 이전의

삼손의 사역에서도 이 사실들은 계속해서 나타나지만, 특별히 사사기 16장 27절을 보자.

> 그 집에는 남녀가 가득하니 블레셋 모든 방백들도 거기에 있고 지붕에 있는 남녀도 삼천 명 가량이라 다 삼손이 재 주 부리는 것을 보더라 (삿 16:27)

이 장면은 삼손의 생애 마지막 사건, 곧 눈이 뽑힌 후에 다곤 신전에서 이 신전을 무너뜨려 블레셋 방백들을 죽인 사건이다. 여기에 몇 가지 중요한 사실, 곧 삼손이 구원의 시작임을 보여 주는 중요한 몇 가지 힌트들이 들어있다.

첫째, 다곤 신전은 사무엘상에서 이스라엘과 블레셋의 전쟁에서 이스라엘이 패한 후 법궤를 빼앗겼을 때, 블레셋이 법궤를 가져다 놓았던 곳이다(삼상 5:2, **연결하기** 참조). 삼손과 사무엘이 동시대 사람이었음에도 불구하고, 삼손의 시대에는 유다 사람들이 블레셋과 화친을 하여 심지어는 삼손을 결박하러 오기까지 하였는데, 왜 사무엘의 시대에는 블레셋과 이스라엘 나라 전체가 대대적인 전투를 벌이고 있는지 이상하게 생각한 적은 없는가?

사무엘상 첫 부분에 나오는 이런 블레셋과의 전쟁의 배경이 되는 것이 바로 삼손의 죽음이다. 즉 삼손이 최후의 일격으로 블레셋과 이스라엘의 관계를 완전히 망가뜨렸고, 이로 말미암아 둘이 원수 관계가 되었기 때문에 사무엘의 시대에 이스라엘이 블레셋과 전쟁 중이었다.

블레셋이 법궤를 빼앗았을 때 다곤 신전에 갖다 두었던 것은 이런 이유 때문이다. 고대의 전쟁에서 국가와 국가의 대결은 '신들의 싸움'이었다. 따라서 삼손 한 사람에 의해 궤멸된 다곤의 지위는 이스라엘과의 전쟁을 통해 법궤를 빼앗음으로써 충분히 만회할 수 있었다. 이스라엘의 신 여호와가 그들의 포로가 된 것이다! 블레셋은 자신들을 완전히 함락시켰던 삼손의 잊고 싶은 기억 앞에서, 이제 승리를 거머쥐었기 때문에 법궤를 탈취하자마자 "우리가 승리했다! 우리의 신이 유대인들의 신을 이겼다!"라고 외치면서 재빨리 다곤의 신전으로 가져 갔던 것이다.

둘째, 삼손의 마지막 죽음이 불러온 파장이 도대체 어떤 것이었길래 두 나라의 전황을 완전히 바꾸었는지에 대해서는 성경이 스스로 힌트를 주고 있다. 일단 사사기는 삼손의 마지막에 대해 쓰면서, "삼손이 죽을 때에 죽인 자가 살았을 때에 죽인 자보다 더욱 많았다(삿 16:30)"라고 말한다. 일단 숫자에 있어 압도적이었다. 블레셋 전체가 완전히 감정을 상하기에 충분한 숫자였으리라 기대할 수 있다.

뿐만 아니라 우리는 여기에서, 삼손이 다곤의 신전을 무너뜨릴 때, 거기 **"모든"** 방백이 있었다고 말하고 있는 사실에 주목해야 한다. 이 '콜'(כֹּל)이라는 히브리 단어는 영어의 'all' 만큼이나 자주 사용되는 단어로 그야말로 문자적으로 '모든'을 가리킨다. 그리고 "방백"이라는 말은 우리말 번역으로만 생각하여 '지방의 수령' 정도로 상정하게 되면 어떻게 블레셋의 모든 방백들이 한 곳에 모일 수가 있는지에 대해 의아할 수 있지만, 히브리어에서 '세렌'(סרן)은 **블레셋의 '군주들'**을 가리키는 말이다.[11]

즉 당시 블레셋은 다섯 도시의 연맹체였는데, 이 다섯 도시의 다섯 군주를 가리키는 표현이 '세렌'이며, 이 다섯 군주가 모두 그때 다곤 신전 안에 있었다. 삼손은 이 모두, 즉 블레셋 군주 전체를 죽여 버렸다. 그러므로 단지 죽은 사람의 숫자가 많았다는 사실 뿐 아니라, 당시 블레셋의 모든 지휘권을 가진 이들이 한꺼번에 몰살당했으므로 블레셋은 유다와 평화 관계를 결코 유지할 수 없었다.

그렇다. 삼손은 '사사 시대의 종식을 여는 자'였다. 그리고 그 여는 일은 **'죄와 원수에 대한 적개심의 회복'**을 통해서였다. 사사 시대를 살아가는 신자가 고통의 시대의 종식을 열기 위해서 처음 해야 할 일이 무엇일까? 죄와 원수가 되는 일이다.

삼손의 마지막 구원 사역은 블레셋의 다섯 군주를 모두 죽

---

11 BDB 사전에 의하면 블레셋 차용어인 세렌은 복수형으로 나타나며 블레셋의 다섯 도시(아스돗, 아스글론, 에그론, 갓, 가사, 수 13:3, 삿 3:3)의 다섯 군주를 가리킨다.

여버리고, 블레셋의 신 다곤을 완전히 궤멸함으로써, 원수 관계여야만 했던 하나님의 대적과의 원수 관계를 다시 시작하게 한 역할이었다. 이것이 삼손이 '사사 시대의 종식을 여는 자'라는 말의 의미이다.

사무엘을 통한 종식의 완성

그리고 사무엘은 삼손이 시작한 사사 시대의 종식을 완결한 사람이다. 삼손과 마찬가지로 성경이 명시적으로 사무엘이 사사 시대의 종식을 이룬 사람이라고 명명하고 있기 때문에 쉽게 알 수 있다.

> 이에 블레셋 사람들이 굴복하여 **다시는 이스라엘 지역 안에 들어오지 못하였으며** 여호와의 손이 사무엘이 사는 날 동안에 블레셋 사람을 막으시매 (삼상 7:13)

그렇다. 사무엘상은 사무엘을 통하여 블레셋이 "다시는" 이스라엘에 영향력을 발휘하지 못하도록 한 사람이라고 말씀하고 있다. 삼손을 통한 전쟁이 사무엘을 통하여 완성된다. 사무엘은 삼손이 시작한 적개심을 완성한 사람이다. 물론 성경 역사에 조금 눈이 밝은 사람은 이후에도 블레셋의 침입이 없지 않았다는 사실을 제기할 수 있다. 하지만 성경의 기사는 단순히 침입의 횟수가 하나도 없었다는 말을 한다는 데 있다기보다는 그 양상, 곧 일종의 '전쟁의 끝'을 말한다고 할 수 있겠다. 블레셋은 이후에는 다시는 이스라엘에 아무런 치명적 영향력을 행하지 못했다.[12]

그리고 동시에, 사무엘이 사사 시대를 종식한 사람이었다는 말의 의미는 우리가 앞서 룻기를 통해 보았던 '사사 시대의 종식'의 구체적 방식과 연결되어 있다. 곧 남편 하나님을 회복하였을 때 이스라엘에게 주어졌던 것은 다름 아닌 **하나님께서 진정한 왕이 되시는 것으로서의 왕정의 시작**이었다. 사무엘은 사울과 다윗을 연이어 왕으로 세움으로써 사사 시대를 완전히 종식하는데 사용된 사람이었다. 곧 사무엘은 "이스라엘에 왕이 없었으므로"(삿 17:6; 21:25) 자기 스스로 왕이 되었던 시대인 사사 시대를 종식하기 위하여 참 왕이신 하나님을 표상하는 인물로서의 왕을 세운, 이스라엘의 왕정을 시작한 사람이다.

1) 이스라엘의 왕 하나님

사무엘상에서 처음 왕을 세우게 될 때의 장면을 읽는 이들

---

12 E. J. 영, 『구약총론』, 홍반식, 오병세 옮김 (김포: 개혁주의신행협회, 2007), 193.

중에는 '왕정' 자체를 좋지 못한 감정으로 보는 이들이 꽤 있다. '왕정'이 바람직하지 못한 제도이고, 그 자체에 문제가 있다고 여긴다. 하지만 이는 전적으로 잘못된 생각이다. '왕정'은 원래 이스라엘의 통치 제도여야 하는 것이며,[13] 그 증거로 하나님께서는 모세의 시대에, 아직 왕정이 오려면 한참이나 멀었던 옛날에 벌써 왕정이 앞으로 올 것을 말씀하셨다.

> 네가 네 하나님 여호와께서 네게 주시는 땅에 이르러 그 땅을 차지하고 거주할 때에 만일 우리도 우리 주위의 모든 민족들 같이 우리 위에 왕을 세워야겠다는 생각이 나거든 반드시 네 하나님 여호와께서 택하신 자를 네 위에 왕으로 세울 것이며 네 위에 왕을 세우려면 네 형제 중에서 한 사람을 할 것이요 네 형제 아닌 타국인을 네 위에 세우지 말 것이며 그는 병마를 많이 두지 말 것이요 병마를 많이 얻으려고 그 백성을 애굽으로 돌아가게 하지 말 것이니 이는 여호와께서 너희에게 이르시기를 너희가 이 후에는 그 길로 다시 돌아가지 말 것이라 하셨음이며 그에게 아내를 많이 두어 그의 마음이 미혹되게 하지 말 것이며 자기를 위하여 은금을 많이 쌓지 말 것이니라 그가 왕위에 오르거든 이 율법서의 등사본을 레위 사람 제사장 앞에서 책에 기록하여 평생에 자기 옆에 두고 읽어 그의 하나님 여호와 경외하기를 배우며 이 율법의 모든 말

---

13 중요하게도 예수 그리스도의 삼중적 직분을 보여주는 것이 선지자-제사장-왕이다. 그러므로 반드시 이스라엘에는 왕이 있어야 한다.

과 이 규례를 지켜 행할 것이라 그리하면 그의 마음이 그
의 형제 위에 교만하지 아니하고 이 명령에서 떠나 좌로
나 우로나 치우치지 아니하리니 이스라엘 중에서 그와 그
의 자손이 왕위에 있는 날이 장구하리라 (신 17:14-20)

그리고 이스라엘이 원래부터 왕정이었다는 것은 왕을 세우
려 할 때 하나님과 사무엘의 대화를 보면 쉽게 알 수 있다. 이스
라엘 백성들이 사무엘에게 왕을 세우기를 요청했을 때 사무엘
이 여호와께 기도하자 여호와께서는 이렇게 대답하신다.

여호와께서 사무엘에게 이르시되 백성이 네게 한 말을 다
들으라 이는 그들이 너를 버림이 아니요 나를 버려 자기
들의 왕이 되지 못하게 함이니라 (삼상 8:7)

하나님의 이 말씀은 '왕정' 대 '비(非) 왕정'의 대결 구도가 아
니다. 하나님의 이 말씀은 '이방 왕과 같은 존재로서의 왕'과 '왕
이신 하나님'의 대결 구도다. 사무엘이 왕을 세우는 데 근심했
던 이유, 하나님께서 왕정을 부정적으로 말씀하신 이유는 왕정
자체의 문제가 아니다. 오직 '세속 왕정'의 문제였을 뿐이다. **이
스라엘은 원래부터 왕정이었다.** 항상 왕이신 하나님께서 계셨
기 때문이다. 사사기의 "그때에 이스라엘에 왕이 없었으므로"가
단지 정치적 '왕정 제도'를 말함이 아니라, 그 문구 속에 '그때 이
스라엘에는 하나님이 왕이 아니셨다'라는 의미를 내포하고 있

듯이, 이스라엘의 원래부터의 왕은 항상 하나님이셨다.

2) 이방의 왕, 그리고 사울

그러나 이스라엘은 무엇을 구하는가? 이스라엘이 왕을 구했을 때의 정황을 잘 읽어보면, 이들이 지독하게도! 하나님의 의중과 반대되는 방향으로서의 왕을 구하고 있음을 보게 된다. 먼저 이들은 사무엘에게 이렇게 요청한다.

> 열방과 같이 우리에게 왕을 세워 (삼상 8:5)
> → 세우소서! 우리에게, 왕을, 우리를 다스리기 위하여,
>   열방처럼 (직역)

사무엘은 이들의 요구를 기뻐하지 않는다(6절). 그래서 하나님께 기도한다. 그러자 하나님께서 앞의 말씀을 하신다. "그들이 너를 버림이 아니라 나를 버려 왕이 되지 못하게 함이다." (7절) 이어서 하나님이 하시는 말씀을 들어보라.

> 내가 그들을 애굽에서 인도하여 낸 날부터 오늘까지 그들이 모든 행사로 나를 버리고 다른 신들을 섬김 같이 네게도 그리하는도다 (삼상 8:8)

하나님의 속상함이 느껴지는 말씀이다. 답답하지만 이것이 하

나님의 백성들의 모습이었다.

그리고 하나님은 '그들이 요구하는' 왕의 제도가 어떠한지를 길게 말씀하신다.

- 너희 아들들을 취하여 병거와 말에 소용되게 할 것이다 (11절).
- 너희 아들들로 천부장, 오십부장을 삼고(12절),
- 자기 밭, 자기 추수, 자기 병거와 제구를 만들게 할 것이다(12절).
- 너희 딸들로 향료, 요리, 떡 만드는 자로 삼을 것이다 (13절).
- 너희 밭, 포도원, 감람원의 제일 좋은 것을 가져가 자기 신하들에게 줄 것이다(14절).
- 너희 곡식과 포도원 소산의 십일조를 취해 자기 신하들에게 줄 것이다(15절).
- 너희 노비, 가장 아름다운 소년, 나귀를 취해 자기 일을 시킬 것이다(16절).
- 너희 양떼를 가져가며, 너희는 그 종이 될 것이다(17절).
- 이로 인해 너희가 부르짖어도 여호와께서 응답지 않으실 것이다(18절).

이렇게 혹독한 말씀을 하시는데도 그들은 말한다.

백성이 사무엘의 말 듣기를 거절하여 이르되, 아니로소이다. 우리도 우리 왕이 있어야 하리니 (19절)

그리고 우리말에서도 어순을 정확하게 번역했듯이 **"우리도 열방과 같이 되어서"**(20절)라는 말이 히브리어 본문에 제일 먼저 나온다. 말하자면 이런 것이다. "필요 없소! 우리도 열방과 같이 되겠소!"

> 우리도 열방과 같이 되어 우리 왕이 우리를 다스리며 우리 앞에 나가서 우리의 싸움을 싸워야 할 것이니이다
> (삼상 8:20, 개역한글판)

이들이 선택한 길을 하나님은 허락해 주신다. 그 결과로 어떤 왕이 선택되었는가? 비록 사무엘이 기름을 부었지만, 이스라엘의 첫 왕 사울은 **이들이 요청한 바로 그대로의 왕**이었다. 왜냐하면 사울이 처음 왕으로서 백성 앞에 나섰을 때 성경은 그가 키가 매우 컸다는 것을 강조한다.[14] 그리고 거인 골리앗과 싸운 다윗이 매우 작은 소년으로 묘사되는데 반해 사울은 가나안에서 그들이 쫓아내야만 했던 거인 아낙 자손, 혹은 거인 '바산 왕 옥'을 연상시키는 사람이었다(1장 참조). 마이클 하이저는 이렇게 말한다.

---

14 삼상 10:23 - 그들이 달려 가서 거기서 그를 데려오매 그가 백성 중에 서니 다른 사람보다 어깨 위만큼 컸더라.

왕을 달라는 이스라엘의 요구는 나라 안에서 공의를 집행하고 안정을 도모할 누군가를 달라는 요청이 아니었다. 사실 그 요구는 순종하는 자기 백성을 위해 능히 싸우실 수 있는 여호와를 거부한 것이었다(삼상 8:20). 백성은 출애굽을 행하시고 아낙 족속과의 전쟁에 앞장선 용사이신 하나님을 내버리고, 아이러니하게도 이스라엘에서 가장 장신인 사람을 선택했다(삼상 9:2). '다른 민족들처럼 우리에게도 왕을 세워주소서!' 하나님은 그들이 달라는 대로 주셨고 그들은 그 대가를 치렀다.[15]

3) 참 왕의 도래, 사사 시대 종식의 마무리

그러므로 사무엘의 사역은 사울까지가 아니고 다윗까지이다. 룻기에서 보았던 참된 왕정은 다윗에게 가서야 이루어지기 때문이다. 사무엘은 여기까지 사역한다. 그는 하나님을 업신여기는 이방 왕과 같은 사울을 저주하고(삼상 15장),[16] 비밀리에 참 왕인 다윗에게 기름을 붓는다(삼상 16장).

---

15 마이클 하이저, 『보이지 않는 세계』, 손현선 옮김 (서울: 좋은씨앗, 2019), 391.

16 아말렉 왕 아각을 살린 일은 단순히 정치적인 문제가 아니다. 아말렉은 진멸되어야 할 하나님의 원수였으며, 여호수아에서 여리고 성을 통해 볼 수 있듯이 '진멸' 또한 '하나님의 소유'를 드러낸다. 따라서 아각을 살린 것은 여리고에서의 아간의 죄악처럼 '하나님의 소유'를 무시하고 손댄 행위였으며, 이스라엘 왕이 드러내야 할 '하나님의 주권' 정반대편을 보여주는 행위이다.

사울의 반역적 행위(15장) - 다윗의 기름부음 받음(16장) - 다윗과 골리앗(17장)의 사건을 연속적으로 읽어야만 다윗의 참된 실체를 깨달을 수 있다. 다윗이 골리앗을 죽인 것은 단순히 어린 소년 하나의 치기, 혹은 개인적 경건이나 개인의 강건한 믿음이 역경을 이긴다는 것을 보여주는 사건 정도가 아니다. 이스라엘의 반역적 선택으로 **거인을 연상시키는 이**를 왕으로 세운 이스라엘에 대하여, 그를 폐위시키고 참 왕을 세운 하나님과, 그로 인하여 진실로 이스라엘을 구원할 자인 다윗이 **'어떻게 거인을 쓰러뜨리는지를'** 보여주고 있는 일련의 연속극이다.

하나님께서는 바로 이 일, 곧 이스라엘에 참 왕, 하나님 자신의 참 대리자가 될 왕인 다윗을 세우시는 일에 사무엘을 사용하심으로써 참으로 사사 시대를 종식하셨다. 그러므로 삼손의 의의가 적개심을 불붙이는 것으로서의 '종식의 시작'이었다면, 사무엘의 의의는 이 적개심으로 인하여 블레셋과의 전쟁을 완전히 끝내는 것과 함께, 이제 참된 왕정이 없어 스스로가 왕이 되었던 이스라엘을 향하여 참 왕을 세우는 것을 통해 진실로 '종식을 마무리'하는 것이다.

그리고 이 두 사람, 삼손과 사무엘의 현저한 특징, 사사 시대를 종식하는 두 사람의 현저한 특징이 바로 두 사람 모두 '나실인'이었다는 것이다. 즉 하나님께서는 사사 시대를 종식하실 때 '두 나실인'을 사용하셨다. 그러므로 당연하게도, 이 '나실인'의 이야기는 이스라엘을 사사 시대로부터 완전히 건져주실 우리 구주 예수 그리스도를 보여주고 있다. 그리스도께서는 참으로 최후의 나실인으로 오셔서 사사 시대를 완전히 끝내셨으며, 하나님이 주인 되시지 못하였던 시대를 하나님께서 참된 왕으로 등극하시는 시대로 변화시키셨다.

이제 이후 장에서 나실인이신 그리스도를 읽기 위해, 나실인의 규례가 무엇인지, 그리고 그 규례의 특성, 그러니까 함의된 바가 무엇인지, 그래서 이 특성이 어떻게 참 나실인으로 오셔서 하나님의 백성들을 구원하시는 그리스도와 그분의 나라의 성격을 드러내는 것인지를 살펴보도록 하자. 두 나실인을 통해 사사 시대를 종식하신 여호와 하나님의 역사의 모든 특징이 그야말로 최후의 나실인이신 그리스도를 밝게 비춰주고 있다.

죄에 대한 하나님의
행동으로서의 세 방향

- 룻기: 구속자를 통한 남편 하나님에게로의 회복
- 삼손을 보내심: 구원의 시작, 적개심의 회복
- 사무엘을 보내심: 그 구원의 마침, 왕이신 여호와

NAZIRITE

NAZIRITE

4장. 율법이 가리키는 나실인

(1) 불임, 하나님의 능력이 나타난 자

셈은 100세에 아르박삿을 낳고 500년 동안 자녀를 낳았다.

에벨은 34세에 벨렉을 낳고 430년 동안 자녀를 낳았다.

나홀은 29세에 데라를 낳았고 119년 동안 자녀를 낳았다.

데라는 아브람, 나홀, 하란을 낳았고, 하란은 아버지 데라보다 먼저 죽었으며, 아브람과 나홀은 장가들었고 데라는 살던 곳 우를 떠나 가나안 땅으로 가다가 하란에서 205세를 향수하고 죽었다.

사래는 자식이 없었다.

창세기에는 통상 '톨레도트'(תּוֹלְדוֹת)라고 불리는 족보가 나오는데 무려 10개나 나온다. 창세기를 연구하는 학자들은 보통 창세기의 구조를 이 10개의 톨레도트로 나눈다. 그리고 이 족보의 형식은 비슷한데, "누가 누구를 낳았다", "얼마를 살았다", "그리고 죽었다" 등의 문장으로 표현한다.

누가 누구를 낳았고 또 그러다가 죽었다는 것은 그 나름의 인생의 모습을 그리는 방식이라고 생각할 수 있지만, 족보가 굳이 이런 양식을 띤다는 것에 대해서는 한 번쯤 생각해 볼 필요가 있다. 위의 내용은 아브람의 족보를 쓴 것인데, 이 족보를 생각해 보기 위해 먼저 노아의 족보를 잠깐 살펴보자.

노아의 족보

노아의 족보는 창세기 5장에 나오는데 히브리어 본문에서 동사를 중심으로 하여 읽어가면 대략 이런 그림이 드러난다(개역한글판).

아담, 낳았다, 낳았다, 향수?, 죽었다. (4–5절)

셋, 낳았다, 낳았다, 향수?, 죽었다. (6–8절)

에노스, 낳았다, 낳았다, 향수?, 죽었다. (9–11절)

게난, 낳았다, 낳았다, 향수?, 죽었다. (12–14절)

나머지도 다 똑같다. 일률적이다. 몇 명만 추려서 읽어보아도 노아의 족보는 모두 이런 식이다. 노아의 족보는 인생을 "낳고 죽는 것"으로 요약한다. "낳는다"라는 것은 다음 대를 이을 자손이 생겼다는 것이고, "죽었다"라는 것은 그러고는 그의 날이 끝이라는 것이다.

위의 인용문에서 "향수"에다 물음표를 달았는데, 그건 예전 번역인 개역한글판의 번역에서 번역한 저 "향수하다"라는 말이 문맥이 지탱해야 할 의미와 전혀 부합하지 않기 때문이다. 개역개정판은 그래서 저 "향수하다"를 단순히 "살았다"라고 수정했는데 차라리 이 번역이 훨씬 낫다. "향수하다"라는 말은 굉장히 잘 살았다는 뉘앙스를 준다. 우리말에서 '향수'란 '수를 누렸다'라는 뜻이기 때문이다. 하지만 이 말은 그렇게 번역하면 안 된다. 개역개정판처럼 단순히 "살았다" 정도도 충분하지만 사실은 이보다 훨씬 더 어두워야 한다. 왜 그런지는 이 문장을 원문 그대로 읽어보면 그 뉘앙스가 조금 더 드러난다. 9절과 11절의 셋과 에노스가 나오는 곳을 살펴보자.

그리고 ~였다(be동사), 모든 날들, 셋의, 구백 십 이 세,
그리고 그는 죽었다.

그리고 ~였다(be동사), 모든 날들, 에노스의, 구백 오 세,
그리고 그는 죽었다.

단순 서술이긴 하지만 이들의 삶의 모습을 평가하는 성경의 방식은 모두 똑같다. 그들의 결국이 모두 '무트'(מות), 곧 죽음이었다는 것이다. 그들은 살았다(생명). 하지만 몇 백년, 비록 지금 우리들보다는 훨씬 긴 세월이긴 하지만 그 세월이 지나면 결국에는 모두 죽는다. "그 몇 백년이 그들의 모든 날들이었다. 그리고 그는 죽었다." 이 마무리의 의미는 무엇인가?

요점은 이 족보에 나오는 모든 이가 결국엔 '죽었다'는 것이다. 그렇다, 그들은 죽었다. 당연한가? 아니, 그렇지 않다. 그들은 원래는 **'죽지 않았어야'** 했다. 원래 인생은 '영원히 살도록' 지어졌다. 하나님은 인생을 죽을 운명으로, 한시적으로만 살 존재들로 짓지 않으셨다. 하나님이 지으신 세계 속에서의 인간의 위상은 이 땅의 군주로서 '영원히' 살았어야 했다.

그런데 왜 그들의 모든 마지막이 "죽었다"라는 말로 맺어지는가? 범죄했기 때문이다. 죽지 않았어야 하는데 범죄했기 때문에 죽게 되었다. 그렇다. 이 족보는 우리에게 중요한 한 사실을 알려준다. **영원히 살았어야 할 인간이 죄 때문에 죽게 되었다는 것**이다. 아담은 범죄를 저질렀고, 그 결과 모두 죽게 되었다. 그리고 여기 이 족보에서 보듯이, 실제로 모두 죽었다!

노아의 족보는 노아가 마지막으로 태어나는 이야기를 하면서 끝을 맺고 있는데, 이 족보가 풍기고 있는 이 죽음의 냄새가 노아의 탄생에서도 묻어나고 있다. 라멕은 아들을 낳고 이름을 "노아"

라고 짓는다. "노아"라는 말은 '안식'을 의미하는 '누아흐'(חוּנ)에서 나온 이름이다. 그리고 이 이름에 대한 해설이 나온다.

> 여호와께서 땅을 저주하시므로 수고롭게 일하는 우리를
> 이 아들이 안위(안식)하리라 (창 5:29)

노아의 아버지는 아들을 낳고 이렇게밖에 말할 수 없었다. "우리 시대는 죽음의 시대이다. 왜냐하면 여호와께서 땅을 저주하셨기 때문이다." 그렇기 때문에 그들은 어떻게 살 수밖에 없다고 고백하고 있는가? "인생은 수고와 일 뿐이다."

그렇다. 인생은 참으로 "수고와 일" 뿐이다. 그런데 여기 "수고"[히. 이차본(עִצָּבוֹן)]를 "수고" 정도로 번역하는 것은 너무 관대한 것이다. 이 단어의 의미는 기본적으로 '고통'이다. 이 단어는 성경에 이 문형으로는 세 번 밖에 안 나오는데, 창세기의 바로 앞에 또 나온다. 창세기 3장 16절과 17절에서이다.

> 또 여자에게 이르시되 내가 네게 임신하는 고통(이차본)
> 을 크게 더하리니 네가 수고하고 자식을 낳을 것이며 너
> 는 남편을 원하고 남편은 너를 다스릴 것이니라 하시고
> (창 3:16-17)

노아의 출생과 관련하여 나오는 "수고"는 '고통'이다. 그리고 이 '고통'이라는 표현이야말로 '인생이 무엇인지'를 한 마디로 요

약한다. 그렇다, 그야말로 **인생은 고통이다**. 왜냐하면 족보가 크게 소리치고 있듯이, 인생은 죄로 말미암아 온통 죽음 뿐이기 때문이다. 노아의 아버지는 자식을 낳고 외친다. "여호와의 저주로 땅에 온통 죽음 뿐이다!", "인생은 고통과 일 뿐이다!" 그런 점에서 노아는 정확하게 '안식을 주러 이 땅에 오신 그리스도'의 모형이다.

아브라함의 족보, 그리고 사래 언급의 독특성

이제 처음 언급했던 아브라함의 족보로 돌아가 보자. 노아의 족보를 살핀 이유는 창세기의 족보에는 온통 '낳고 죽는 일'이 가득한데, 이 '낳고 죽는 일'이 무엇보다 인생의 본질을 잘 보여주기 때문이다. 그런데 이 죽음이 그나마 상쇄되는, 즉 인생이 모조리 죽음뿐이지 않은 이유는 거기에 "낳고"도 함께 있기 때문이다. 비록 죽음으로 끝나는 삶일지라도 인생은 자식을 낳는다. 우리의 생명은 끝나지만 하나님께서는 은혜롭게도 이 죽음과 고통으로 점철되어 있는 인생 속에 '계속해서 새 생명이' 태어나게 하신다. 그리고 우리 삶의 결국이 죽음인데도 우리들 인생에 '생명이' 계속 잉태되고 태어난다는 것은 하나님께서 **장차 이 인생들의 역사 속에 무언가를 하실 것에 대한 거대한 그림**이 된다. 이는 하나님이 생명을 이으실 모종의 방식을 역사 속에 두실 것이라는 말이다.

비록 인생의 결말은 죽음 뿐이나, 하나님은 '생명'이라는 흔적을 통해 인생이 완전히 죽음으로 끝나버리지 않도록, 무언가 힌트를 주셨다. 그 증거가 하나님께서 인생들에게 주신 '생명의 잉태와 출생'이다. 우리는 죽는다. 하지만 우리는 새 생명을 낳는다. 이것은 하나님께서 우리들에게 주신 모종의 '희망의 싹'이다.

그런데 아브라함의 족보는 이런 낳음과 낳음과 낳음의(물론 묘사만 되어 있지 않을 뿐 응당한 결과로 거기 낳은 후에 죽었다는 것이 함의되어 있다) 족보에 **브레이크를 거는 방식으로** 아브라함의 이야기를 시작한다. 아브라함이 태어나고 결혼을 하고 또 자기 형제들도 또한 낳음을 반복하고 있는데, 거기 중대한 브레이크로 이 구절이 들어 있다.

사래는 임신하지 못하므로 자식이 없었더라 (창11:30)

이 언급이 포함되어 있는 문맥을 살펴보라. 이것은 분명히 아브라함의 역사의 첫 출발 부분이면서, 아브라함 가문 전체의 **낳고 낳음의 족보 중에 나타나고 있으나, 동시에 이 족보를 닫아버리는** 역할을 하고 있다. 인생은 죽음과 고통이다. 그런데 낳고, 낳고, 낳기 때문에 인생에게는 새로운 방식의 희망이 있다. 하지만 여기 절망이 임한다. 사래는 '낳음'을 할 수 없다. 그녀는 임신하지 못하는 여자였기 때문이다.

성경은 하나님 나라의 출발 지점인 아브라함이 아내 사래로 인하여 나라로 설 수 없었다는 이야기로 시작하고 있다.

> 아브라함으로 인해 하나님의 나라가 출범할 것이다. 하지만 나라는 설 수 없다. 사래는 불임인 여자이기 때문이다.

불임 족장들

여기에서 조금 더 나아가 보자. 눈을 조금만 더 들어 더 멀리 바라보면 흠칫 놀랄 사실을 하나 발견하게 되는데 이는 이 '불임의 문제'가 단지 사래에게서 그치지 않기 때문이다. 놀랍게도 창세기에 나오는 거의 모든 족장이 다 불임의 문제를 갖고 있다.

첫째, 방금 살핀 대로 이스라엘 나라의 첫 족장인 아브라함은 불임의 문제를 겪었다.

둘째, 창세기 25장 21절에 "이삭이 그의 아내가 임신하지 못하므로 그를 위하여 여호와께 간구하매 여호와께서 그의 간구를 들으셨으므로 그의 아내 리브가가 임신하였더니"라고 했다. 우리는 약간 놀라게 된다. "불임이 아브라함만이 아니었다고?" 그렇다. 아브라함의 아들 이삭도 똑같이 불임의 문제를 갖고 있었다.

셋째, 이삭의 아들 야곱에게 가면 이 불임의 문제가 없는 것처럼 보인다. 왜냐하면 우리가 통상 아는 대로 야곱은 무려 열두 아들의 아버지이기 때문이다. 하지만 사실은 야곱 역시 제일 처음에는 불임의 문제로 시작한다.

> 여호와께서 레아가 사랑받지 못함을 보시고 그의 태를 여셨으나 라헬은 자녀가 없었더라 (창 29:31)

야곱에게 법적으로 두 아내가 있었던 것은 사실이지만, 사실 야곱이 혼인하길 원했던 사람은 라헬이다. 그런데 하나님은 야곱이 사랑하지 않았던 레아에게만 태를 열어 주셨고, 정작 야곱이 아이를 갖기 원했었을 라헬에게는 태를 닫으셨다. 결국 하나님은 야곱에게도 동일한 불임의 문제를 주셨다.

결국 요셉을 제외하면 창세기에 나오는 세 족장은 모두 **'불임의 문제'**를 갖고 있었다. 왜 하나님은 자식을 쉽게 주지 않으신 것일까? 정확하게 말하자면 왜 하나님은 하나님 나라를 보여 주어야 할 족장들에게 공통적으로 '불임의 문제'를 주셨던 것일까? 이런 일은 정말 우연에 불과할까? 아니면 이것은 하나님 나라의 속성과 관련이 있는 것일까?

불임과 하나님 나라

중요한 단서는 우리가 앞에서 살폈던 '인생의 본질'과 관련되어 있다. 사람은 죽는다. 그러나 생명을 잉태한다. 그런데 **교회를 형성해야 할 족장들은 이 생명 잉태에 장애**를 겪었다. 이는 연결되어 있는 퍼즐 같은 것이다.

족장의 대표로서 아브라함이 겪었던 불임의 문제를 성경이 어떤 방식으로 보고 있는지를 이해하면 '불임'이라는 주제와 '하나님 나라'라는 주제는 매우 쉽게 부착된다. 로마서 4장은 아브라함이 아이를 낳지 못했던 상황에서 아이를 낳게 되는 과정을 이런 방식으로 그리고 있다.

> 기록된 바 내가 너를 많은 민족의 조상으로 세웠다 하심과 같으니 그가 믿은 바 하나님은 죽은 자를 살리시며 없는 것을 있는 것으로 부르시는 이시니라 (롬 4:17)

놀랍게도 로마서는 아브라함의 믿음을 "죽은 자를 살리시며 없는 것을 있는 것으로 부르시는 이를 믿는 것"으로 묘사했는데, 이 아브라함의 믿음, 곧 '죽음의 극복', 혹은 '없는 것을 있는 것으로 부르시는 이를 믿는 믿음'은 다름 아닌, 백 세가 되어서 아이를 낳을 수 없는 중에도 아이가 태어나게 될 것을 바라보았던 믿음이었다.

아브라함이 바랄 수 없는 중에 바라고 믿었으니 이는 네 후손이 이같으리라 하신 말씀대로 많은 민족의 조상이 되게 하려 하심이라 그가 백 세나 되어 자기 몸이 죽은 것 같고 사라의 태가 죽은 것 같음을 알고도 믿음이 약하여지지 아니하고 믿음이 없어 하나님의 약속을 의심하지 않고 믿음으로 견고하여져서 하나님께 영광을 돌리며 약속하신 그것을 또한 능히 이루실 줄을 확신하였으니 그러므로 그것이 그에게 의로 여겨졌느니라 (롬 4:18-22)

성경에서 '불임'이라는 주제는 놀랍게도 한 가정의, 그리고 산부인과적 문제에 해당하는 것이 아니다! 로마서가 말하는 '불임'과 그로부터 '생명의 잉태'는 "죽은 자를 살리시는 하나님", 곧 "없는 것을 있는 것으로 부르시는 하나님"을 향한 믿음의 문제이다! 즉 로마서는 아브라함의 이 '불임의 문제'를 **하나님의 백성이 '죽어 있던 곳에서', '생명을 얻게 되는 것', 곧 죽어 있던 영혼이 세례를 통하여 구원받게 되는 사실에 접목**한다. **부활**이다! '죽은 태'는 이전에 거했던 '사망'이며, '새 생명의 잉태'는 '사망에서 부활을 통하여 자기 백성을 건지시는 하나님의 능력'이다.

그렇다면 왜 하나님께서 굳이 '불임 족장들'을 부르셨는지가 매우 선명해진다. 인생은 본질상 '사망'이다. 죽음을 향하여 '난다'(출생). 그러나 인생은 '나는 것' 때문에, 자신이 마치 생명이 있는 듯 착각한다. 그렇지만 인생은 여전히 죽어 있다. 그 자체로서는, 육신 스스로서는, 인생의 본질 그것으로서는!

그렇기 때문에 하나님께서는 '교회', 곧 하나님의 백성들을 부르실 때, **"우리는 인생의 방법론으로는 결코 우리에게 생명이 영속될 수 없음을 고백합니다."**라고 말할 수 있는 무리를 부르신다. 인생에는 해답이 없고, 완전한 죽음에 처해 있기만 할 뿐이기 때문에, 이 육신의 방법을 완전하게 포기한 뒤에, 인생의 방법을 전혀 의존할 수 없는 이들이 하나님의 자녀로서 '진정한 출생'을 할 수 있다는 것을 알려주기 원하신다.

이것이 하나님께서 아브라함을 20대에 부르실 수도 있었음에도 불구하고 백 세나 될 때 부르신 이유이다. 하나님의 약속은 '자손의 번성'인데, 백 세와 구십 세 된 할머니 할아버지가, 도무지 인간적인 방식으로는 출생을 통하여 이 나라를 일굴 수 있는 방법이 없기 때문이다. 즉 하나님은 고의로 경수가 끊어진 여인, 육체의 방법으로 자손이 날 수 없는 이들을 족장으로 부르셔서 죽음을 돌파하고 하나님의 능력만으로 자손을 보게 하신다. 바로 이것이 '부활의 능력'이며, 곧 하나님이 죽음을 극복하실 수 있다는 것을 보여주는 '하나님 나라의 방식'이다!

할례, 곧 교회로의 가입 과정은 무엇을 의미하는가? 할례는 '생식기의 끝을 자르는 행위'이다. '생식기의 끝을 자르는 행위'는 **'생식기를 자르는 행위'**의 모사이다. 그러면 왜 생식기를 자르는 일이 '교회로 가입되는 의례'가 되어야 할까?

육체의 방식, 인생의 방식을 통해서는 이 나라의 일원이 될 수 없기 때문이다. 육체의 방식, 인생의 방식을 끊는 사람들만이 이 나라의 일원이 될 수 있기 때문이다. 죽은 태를 여시는 하나님의 능력을 믿는 자들만이 이 나라에 가입할 수 있다. 생식기를 잘라낸 사람들만이 이 나라에 가입할 수 있다.

아브라함은 이것을 믿었기 때문에, 나중에 아들 이삭을 죽여 바칠 수 있었다. 죽은 태를 열어 아들을 주시는 하나님을 믿을 수 있음을 이삭의 출생을 통해 확인했기 때문에 아브라함은 성장했다. 하나님 나라의 성격을 삶에서 겪은 것이다! 그래서 아브라함은 이후, 자신이 이삭을 죽이더라도 죽은 이들로부터 이삭을 돌려 받을 수 있을 것을, 하나님께서 죽은 자들 가운데서 아들 이삭을 살려주실 것이라는 것을, 그야말로 **부활**을 확실히 믿을 수 있었다.[1]

곧 아브라함에게 이삭을 바치는 시험이 주어진 이유는 그의 '부활 신앙'을 테스트하기 위한 것이었으며, 이는 그가 진심으로 하나님을 '죽음을 극복하시는 분'으로서 믿는지의 여부를 살피는 것이었다. 히브리서는 이 사건을 정확하게 이런 방식으로 말한다.

---

1 이삭의 출생이 부활이었으며, 따라서 아브라함은 이삭을 죽이더라도 하나님께서 그를 부활시키실 것이라는 믿음이 있었다.

아브라함은 시험을 받을 때에 믿음으로 이삭을 드렸으니 그는 약속들을 받은 자로되 그 외아들을 드렸느니라 그에게 이미 말씀하시기를 네 자손이라 칭할 자는 이삭으로 말미암으리라 하셨으니 그가 하나님이 능히 이삭을 **죽은 자 가운데서 다시 살리실 줄로** 생각한지라 비유컨대 그를 **죽은 자 가운데서 도로 받은 것이니라** (히 11:17)

"그가 하나님이 능히 이삭을 죽은 자 가운데서 다시 살리실 줄로 생각한지라!"

"비유컨대 그를 죽은 자 가운데서 도로 받은 것이니라!"

아브라함이 이삭을 죽여도 하나님께서 그를 다시 살려주실 것이라 믿은 것은 마약 중독자의 환각 같은 것이 아니다. 아브라함이 이렇게 할 수 있었던 것, 또 하나님께서 굳이 이런 종류의 시험을 주신 것은, 이 둘이 같은 방식의 일이었기 때문이다. **죽은 태를 열어 새 생명을 받는 일과 죽은 아이를 다시 살려주시는 일은 근본적으로 같은 일이다.** 그리고 이 둘이 모두 한 지향점을 지시하고 있다. 하나님은 죽음을 극복하시는 분이시며, 하나님의 나라는 바로 이 '죽음을 극복하시는 불임자들의 하나님'의 나라이다.

그러므로 모든 그리스도인은 '할례', 곧 자신의 생식기를 잘라버리는 일을 통해! 바로 이 일을 받아들이는 것을 통해 교회에 가입한다. 교회는 육으로부터 생명이 나지 않음을! 반드시 사망에 부활을 통하여 생명을 불어 넣으시는 하나님을 통하여 생명이 난다는 것을! 믿고 받아들이는 자들의 모임이다. 육만 가지고도 거기에 생명이 있을 것처럼 환상을 가지고 있는 세상에 대하여 거기에는 오로지 절망 뿐이며, 생명을 주시는 하나님을 통하지 않고서는 아무런 생명도 날 수 없음을 고백하는 이들이 '교회'이다. 그래서 이 교회에는 생식기를 잘라버리는 방식, 곧 세상을 포기하는 방식으로만 가입이 가능하다.

나실인은 불임의 자녀들

따라서 '고통의 시대'를 끊는 사사 시대의 나실인들이 둘 다 '불임의 자녀들'이었다는 사실은 중요하다. 사사기 13장 2절은 삼손의 부모를 이렇게 묘사한다.

> 소라 땅에 단 지파의 가족 중에 마노아라 이름하는 자가 있더라 **그의 아내가 임신하지 못하므로** 출산하지 못하더니 (삿 13:2)

사무엘상 앞부분에 나오는 사무엘의 어머니 '한나'의 이야기는 불임 여성의 대표적인 예이다.

> 에브라임 산지 라마다임소빔에 에브라임 사람 엘가나라 하는 사람이 있었으니 그는 여로함의 아들이요 엘리후의

손자요 도후의 증손이요 숩의 현손이더라 그에게 두 아내
가 있었으니 한 사람의 이름은 한나요 한 사람의 이름은
브닌나라 브닌나에게는 자식이 있고 한나에게는 자식이
없었더라 (삼상 1:1-2)

여호와께서 그에게 임신하지 못하게 하시므로 그의 적수
인 브닌나가 그를 심히 격분하게 하여 괴롭게 하더라 …
한나가 마음이 괴로워서 여호와께 기도하고 통곡하며 서
원하여 이르되 만군의 여호와여 만일 주의 여종의 고통
을 돌보시고 나를 기억하사 주의 여종을 잊지 아니하시고
주의 여종에게 아들을 주시면 내가 그의 평생에 그를 여
호와께 드리고 삭도를 그의 머리에 대지 아니하겠나이다
(삼상 1:6, 10, 11)

왜 하나님은 사사 시대를 끊을 나실인을 굳이 '불임의 자녀'
로 만드셨는가! 이유는 어렵지 않다. **하나님의 나라는 불임을
통해서 오기 때문이다!** 육체를 의지하지 않는 것이 하나님 나라
의 속성이다. 사망에 생명을 불어 넣는 일이, 우리는 불가능하
지만 하나님께는 가능하다는 것이 하나님 나라의 속성이다. 그
러므로 가장 낮은 것을 사용하셔서 "이 세상이 자기 지혜로 하
나님을 알지 못하므로 하나님께서 전도의 '미련한 것'으로 믿는
자들을 구원하시기를 기뻐하셨다"(고전 1:21)라는 사실을 선포
하는 것이 하나님 나라의 속성이다. 율법이 육신으로 말미암아
연약하여 할 수 없는 그것을 하나님은 하신다(롬 8:3)!

고통의 시대를 끊는 것은 '하나님의 사자'로서의 나실인이다. 그런데 이들은 절름발이여야 했다. 이들은 어리석어야 했다. 세상의 힘과 권세, 부와 재력은 하나님 나라와 상관 없다. 한나의 기도에서 한나는 "용사의 활이 꺾어지는 대신, 넘어진 자가 힘으로 띠를 띠며", "풍족하던 자들이 품을 팔고, 주리는 자들이 주리지 않으며", "전에 임신하지 못하던 자가 일곱을 낳았고 많은 자녀를 둔 자는 쇠약해졌다"(삼상 2:4-5)라고 노래한다. 왜냐하면 "여호와는 죽이기도 하시고 살리기도 하시며 스올에 내리게도 하시고 거기에서 올리게도 하시기"(6절) 때문이다.

단언코 여기 "죽이기도 하시고 살리기도 하시며"는 유비가 아니다. 하나님은 생명의 하나님이시며, 이 생명을 주시는 방법이 바로 이렇게 **연약하여 하나님밖에 붙들 줄 모르는 이들을 통하여** 생명의 유업을 이어가시는 방식이기 때문이다.

불임의 자녀 그리스도

마리아가 '수태고지', 곧 예수 그리스도를 낳게 될 것이라는 천사의 전함을 받았을 때, 그녀는 "나는 사내를 알지 못하니 어찌 이 일이 있으리이까(눅 1:34)"라고 묻는다. 그런데 바로 그 뒤를 보면, 성경은 '동정녀', 곧 처녀가 아이를 낳게 되는 일을 '불임'과 연결한다. 적어도 누가복음에서 '동정녀'와 '불임'은 같은 개념이다. 왜냐하면 천사가 이렇게 말하기 때문이다.

> 천사가 대답하여 이르되 성령이 네게 임하시고 지극히 높
> 으신 이의 능력이 너를 덮으시리니 이러므로 나실 바 거
> 룩한 이는 하나님의 아들이라 일컬어지리라 보라 네 친족
> 엘리사벳도 늙어서 아들을 배었느니라 **본래 임신하지 못
> 한다고 알려진 이가 이미 여섯 달이 되었나니** (눅 1:35-36)

천사는 '처녀 마리아'가 아이를 낳을 수 있는 이유를 "본래
임신하지 못한다고 알려진 이" 곧 불임의 엘리사벳이 "이미 여
섯 달이 되었다"라는 사실에 기초하여 설명한다. 사내를 알지
못하는 마리아가 성령을 통해 아이를 임신할 수 있는 근거는 불
임이었던 엘리사벳이 임신하여 6개월이나 되었다는 사실에 있
다. 그러므로 둘은 같은 개념이다. 바로 다음 절을 살펴보자.

> 대저 하나님의 모든 말씀은 능하지 못하심이 없느니라
> (눅 1:37)

아마도 이 내용을 문맥을 따라 성의 있게 읽은 사람이라면,
여기 "능하지 못하심이 없느니라"를 옥상에서 뛰어내려도 괜찮
거나, 천둥과 번개를 부를 수 있다거나, 어떤 질병에서도 이겨
낼 수 있다는 식으로 이해하지 않을 것이다. 천사의 말은 아브
라함 때부터 말해왔던 바로 그 이야기의 반복에 지나지 않는다.

우리가 계속 말하고 있는 로마서의 아브라함 해석을 여기에 붙여보면 마치 한 벌의 옷과 같이 딱 맞아떨어짐을 분명하게 알 수 있다.

> 대저 하나님의 모든 말씀은 능하지 못하심이 없느니라
> (눅 1:37)
> 그가 믿은 바 하나님은 죽은 자를 살리시며 없는 것을 있
> 는 것으로 부르시는 이시니라 (롬 4:17)

'동정녀'가 아이를 낳는 것은 누가복음에 의하면 '불임의 극치'로서의 선택이다. 구약의 족장과 나실인은 '아이를 낳을 수 없는 상황', 곧 '죽음으로부터 탄생한 이들'이었다. 그들의 불임은 육신의 연약성, 곧 하나님이 아니면 이 생명의 문제가 결코 극복되지 못함을 웅변하는 일이었다.

그리고 그 죽음의 정점에 '동정녀'가 있다. 그리스도의 동정녀 탄생은 불임의 왕국에 하나님의 권능이 임할 때 이 죽음이라는 불가능이 극복된다는 것을 보여준 사건이며, 이 사실은 모든 시대에 '하나님만이 죽음을 극복하실 수 있다'는 것과, '육신이 어떤 방식으로도 이 죽음을 극복하지 못한다'는 것을 분명하게 보여준다. 하나님만이 사망을 극복하시며, 하나님의 나라는 이런 불임의 절뚝발이들이 모여 그분으로부터 이 생명을 얻는 나라이다. 따라서 **동정녀 탄생을 믿지 않는 자는 결단코 세상을 이길 수 없다!**

끝으로, 그분이 사망을 극복하실 수 있기 때문에, 그분은 사사 시대를 꺾으실 수 있다. 우리의 죄악이 아무리 만연하더라도! 우리의 어둠이 아무리 짙어도! 하나님은 광명을 가져오실 수 있다. 하나님은 죽은 태를 여시며, 사망으로부터 생명을 불러오시며, 처녀에게서 완전한 생명이 잉태케 되도록 하시는, 전능의 하나님이시기 때문이다!

(2) 포도주, 하나님의 잔치를 준비하는 자

1. 금슈강산 내 동포여 술을 입에 대지마라 건강지력 손상
   하니 천치될가 늘 두렵다

   (후렴) 아 마시지 마라 그 술 아 보지도 마라 그 술 죠선
   샤회 복 밧기는 금쥬함에 잇나니라

2. 폐가망신될 독쥬는 빗도 내셔 마시면서 자녀교육 위하
   야는 일젼 한푼 안 쓰려네

3. 전국 술갑 다 합하야 곳곳마다 학교 세워 자녀슈양 늘
   식히면 동셔 문명 잘 빗내리

4. 텬부 주신 네 재능과 부모님께 밧은 귀체 술의 독긔 밧
   지 말고 국가 위해 일할지라

   임배세 작사 작곡 '금주가(禁酒歌)' (230장)[2]

---

2 '아래 아'와 현재 사용하지 않는 복합자음 등은 현재 읽기 편한 방식

이 찬송은 한국교회 초창기, 현재처럼 통합된 찬송가(1963, 개편찬송가) 전의 예전 찬송가(1931, 신정찬송가) 중에 있던 '금주가' 라는 찬송가다. 한국교회는 선교사들이 들어와 복음을 전하던 초창기부터 '금주'가 매우 강력한 신앙의 방도였고, 술 마시고 담배 피는 것은 '신자로서 마땅히 하지 말아야 할 금기'에 해당했다. 초창기의 한국교회가 급속도로 성장할 때 행실을 제대로 다스리지 못하는 이들이 신자로 대량 유입되면서 '주정꾼 신자', '술 먹고 아내를 구타하는 집사' 같은 이들이 생겨났고, 이에 대한 방비책으로 금주는 신자에게 마땅하고 당연한 것으로 강조되었다. 하지만 비단 한국 땅에서만 그런 것은 아닌 것이, 당장 영국이나 미국만 보아도 경건주의가 강화되던 시기에는 술집이 문을 닫거나 주 정부가 종종 금주령을 내렸다.

'금주'의 전통이 성경을 이해하는 데에는 어떤 영향을 미칠까? 우리는 대개의 경우 '현재의 관점'으로 '과거의 성경'을 읽는다. 완전히 벗을 수는 없겠지만, 또 탈피하기가 쉽지 않은 것도 사실이다. 무의식 중에 그리 되기 때문이다. 예를 들어 성경에 '비둘기'가 나오면 오늘날의 우리는 '평화의 상징'이라고 즉지적으로 사고하지만, 근대 이후의 시대에 비둘기가 평화의 상징인

으로 표기했다.

것이 고대 근동에서도 그러했으리라는 보장이 없다는 것을 생각해 본다면, 성경이 가리키는 방향을 따라 읽는 것은 마냥 쉬운 일만은 아니다.

이것을 '포도주'에도 한 번 적용해 보자. 교회 바깥의 일반 대중, 그러니까 21세기의 현대인들에게 '포도주' 혹은 '와인'은 어떤 이들에게는 '소비뇽'이라던가, '소노마 카운티' 같은 단어를 떠오르게 할 지도 모르겠다. 아니면 평소에는 소주나 막걸리를 먹지만, 좀 분위기가 있는 곳에서는 와인을 마셔줘야겠다던가, '스테이크에는 와인이 어울려.'라는 생각이 들지도 모를 일이다. 하지만 교회 안에서의 포도주 혹은 술이라는 것은 언제나 압도적으로 앞서 이야기했던 관점이 작용한다. 우리는 '술'을 '경건의 반대편에 있는 것'이라고 생각하는 대로 곧장 나아간다.

하지만 과연 성경에서도 그러할까? 과연 성경의 용례에서도 포도주는 단지 경건의 반대편에 있는 것으로만 그려지고 있을까? 쉽게 생각해 보아도 포도주가 단순히 경건의 적으로 금지되었다면 왜 정작 예수님은 포도주를 드셨는지, 왜 사도들이나 1세기 교회의 성도들은 포도주를 마셨던 것인지 대답하기 곤란한 문제가 곧바로 발생한다. 어떤 사람들은 애써 포도주를 '술'이 아니었다고 변론하기 위해 "당시의 포도주는 물 대신이었다"라고 하기도 하는데, 터무니없는 주장이다. 술은 술이지 물이 아니다. 고대 팔레스타인 지역에 살고 있었던 사람이라고 해서

'물 대신 포도주를' 마시지 않았다. 따라서 예수님이나 사도들을 '이 사악한 알콜 음료'로부터 예외로 두려고 변명을 궁리해 본들 얽힌 것이 풀리지는 않는다. 심지어 사도는 디모데전서 5장에서 "이제부터는 물만 마시지 말고 네 위장과 자주 나는 병을 위하여는 포도주를 조금씩 쓰라(딤전 5:23)"라고 한다. 사도가 포도주를 권하기까지 했다

이는 특히 우리가 지금 '나실인의 규례'를 살피고 있다는 점을 감안한다면 더욱 적실한 문제가 된다. 왜냐하면 '포도주'를 어떤 방향으로 보느냐에 따라서 나실인에게 포도주가 금지되었다는 것이 전혀 다른 의미가 될 수 있기 때문이다. 나실인 규례에서의 포도주의 함의를 정확하게 이해하려면 근대 이후의 경건주의가 덧씌워진 관점 말고, 성경 스스로 포도주에 대하여 무엇이라고 말하고 있는지를 살펴야만 한다. 성경의 포도주 용례가 보여주는 바를 따라갈 때에만 왜 나실인에게는 포도주가 금지되었는지를 정확하게 밝힐 수 있다.[3]

---

3 * 주의 : 물론 이것은 오늘날 성도들이 술을 맘대로 마셔도 좋다는 이야기가 아니다. 여기서는 포도주의 성경신학적 의미를 살피기 위하여 그 함의를 살피려는 것이며, 실제 성경은 다른 많은 곳에서 성도의 삶과 행실을 제약하기 위하여 술을 금하고 있다. 특히 신약 성경에서 '술 취함'은 거의 '방탕'과 직접 연결된다.

나실인의 금지 규정에서 독특한 점

포도주 이해의 첫 걸음은 나실인의 금지 규정에서 독특한 점이 있다는 것을 발견하는 일이다. 앞서 보았던 민수기의 나실인 규례에서 포도주와 관련된 부분을 살펴보자.

> 포도주와 독주를 멀리하며
> 포도주의 초나 독주의 초를 마시지 말며
> 포도즙도 마시지 말며
> 생포도나 건포도도 먹지 말지니
> 자기 몸을 구별하는 모든 날 동안에는 포도나무 소산은
> 씨나 껍질이라도 먹지 말지며 (민 6:3-4)

이 부분을 볼 때 실수하기 쉬운 것은, 선입견을 가지고 보면 이 규례가 단지 '술을 금하고 있는 것'으로 보일 수 있다는 점이다. 하지만 별반 해석이 필요없이 이 구절들을 담백하게 읽기만 하더라도, 이 규정들은 '술을 금하고 있는 것'은 아니라는 것쯤은 쉽게 알 수 있다.

왜냐하면 "포도주와 독주를 멀리하며"라는 문구는 분명 포괄적인 술에 대한 금지가 확실하지만, 나실인들에게는 '포도주'나 '독주'만이 아니라 '포도즙'도 금지되었으며, 심지어는 생포도나 건포도조차 금지되었기 때문이다. 아니, "포도나무 소산은 씨나 껍질조차" 먹어서는 안 되었다.

즉, 나실인의 금지 규례는 단지 술에 대한 금지라기보다는 술을 포함한 포도에 대한 금지이다. 따라서 만약 이 말씀을 가지고 정말 우리 경건의 도구로 삼으려면, 마트에서 큰맘 먹고 샤인 머스캣을 사서 계산을 하려는 집사님에게 목사님이 큰 소리로 이렇게 외쳐야 한다. "집사님! 포도를 드시면 어떡합니까! 포도는 민수기에 의하면 금지되어 있다구요!"

결국 이 '나실인 규례'에서 발견하게 되는 사실은 **'술에 대한 금지'가 '포도에 대한 금지'와 함께 같은 맥락 안에 있다는 사실**이고, 그렇다면 술을 금지한 것과 포도를 금지한 것 모두는, 단순히 '경건한 행실을 위하여 알콜 음료에 노출되는 것을 막는다'라는 취지와는 전혀 상관 없는, 성경이 따로 고려하고 있는 다른 강조점이 거기에 있다는 것을 의미한다. 말하자면 나실인에게 포도주가 금지된 것은 술을 먹고 행실이 방자해질 것을 염려한 규정이 아니었다. 다른 이유가 있다!

술과 포도/포도주에 대한 성경의 관점: 종말론적 안식 구현

성경에서 술은 언제 마시는 것일까? 그리고 포도는 언제 먹는 것으로 나타나고 있을까? 이 점을 숙고하면 문제는 사실 상당히 명료해진다.

1) 먼저 같은 사사기 안에서 '포도주'가 어떤 방식으로 언급되는지를 보자. 사사기 9장 13절이다.

> 포도나무가 그들에게 이르되 하나님과 사람을 기쁘게 하는 내 포도주를 내가 어찌 버리고 가서 나무들 위에 우쭐대리요 한지라 (삿 9:13)

이 구절은 여룹바알의 아들 아비멜렉이 스스로 왕이 되기를 원하여 70명의 형제를 죽일 때, 요담 홀로 피하여 그리심 산꼭대기에서 세겜 사람들을 향하여 외친 비유 중에 나오는 이야기이다. 이야기의 주제는 아름다운 나무들인 감람나무와 무화과나무와 포도나무를 버리고 가시나무를 왕을 삼은 이야기인데, 이때 감람나무는 자신의 '기름'을 "하나님과 사람을 영화롭게 한다"라고 하고(삿 9:9), 비슷한 방식으로 포도나무는 "하나님과 사람을 기쁘게 하는 내 포도주"라고 언급한다. 도식화해보자면 이렇게 정리할 수 있다.

감람나무	기름	하나님과 사람을 영화롭게
포도나무	포도주	하나님과 사람을 기쁘게

'기름'은 '영광'과 관련되고, '포도주'는 '기쁨'과 관련된다. 그렇다면 사사기가 보여주고 있는 포도주의 역할은 오늘날 우리

기독교 문화 안에서의 술의 역할과 전혀 다르다. 포도주는 오히려 "하나님과 사람을 기쁘게 하는 것"이다. 이는 어떤 방식으로도 '덧씌워진 경건주의'와는 공존할 수 없으며, '포도주'에 대한 관점을 전혀 다르게 바꾸어 놓는다. 성경에서 몇 가지 예를 더 찾아보자.

> **사람의 마음을 기쁘게 하는 포도주**와 사람의 얼굴을 윤택하게 하는 기름과 사람의 마음을 힘있게 하는 양식을 주셨도다 (시 104:15)

> 요셉이 자기 음식을 그들에게 주되 베냐민에게는 다른 사람보다 다섯 배나 주매 **그들이 마시며 요셉과 함께 즐거워하였더라** (창 43:34)

> 내 누이 내 신부야 내가 내 동산에 들어와서 나의 몰약과 향 재료를 거두고 나의 꿀송이와 꿀을 먹고 내 포도주와 내 우유를 마셨으니 나의 친구들아 먹으라 **나의 사랑하는 사람들아 많이 마시라** (아 5:1)

시편 104편에서 포도주는 '하나님께서 주시는 은택' 중 한 가지로 묘사된다. 이 때 포도주는 "사람의 얼굴을 윤택하게 하기 위해 기름을 주시는 것처럼", "사람의 마음의 힘을 돋우기 위해 양식을 주시는 것처럼, 사람의 마음을 기쁘게 하기 위하여" 주어진 것이다. 즉 여기에는 앞의 사사기 9장과 같은 연결점이 있다.

양식	힘
기름	윤택
포도주	기쁨

창세기 43장 34절에서 "즐거워하였더라"라는 말은 히브리어 '솨카르'(שָׁכַר)로서, 성경에서 '취하다'로 번역되곤 하는 단어인데, 이 단어의 의미는 '주흥(酒興)', 곧 술로 인해 즐거워진 상태를 나타내는 표현이다.

아가서에서는 당연히 술이 사람을 즐겁게 하는 요소이다. 사랑하는 신부를 맞는 신랑은 친구들에게 권한다, "나의 사랑하는 사람들아 많이 마시라." 개역개정판에서 "많이 마시라"라고 축소하여 번역되었지만, 이전 개역한글판에서는 "마시고 많이 마시라"였는데, 이것이 더 직역에 가깝다. 왜냐하면 이 문구에는 '마시다'가 다른 두 단어로 표현되어(히. '솨타'와 '솨카르') "마시고 또 마시라"로 되어 있기 때문이다. 분명 이 장면은 잔치와 거기서의 주흥이 주된 요소이다.

이런 말씀들을 통해 볼 때 성경에서 포도주는 전혀 '신앙과 경건을 위해 절제해야할 것'으로 묘사되지 않음을 본다. 따라서 성경의 술을 금주의 관점에서 보는 것은, 이후 역사 속에서 '술'에 대해 가지게 된 의식을 성경에 거꾸로 투사하여 읽은 결과이다. 이런 본문들에서 술은 부정적으로 묘사되지 않는다. 포도주는 사람의 마음을 기쁘게 하기 위해, 즐거움을 위해, 축제를 위해 주어졌다는 것이 이런 말씀들의 관점이다.

2) 심지어 성경에서 술은 '예배를 위한 도구'이기도 하다. 일반적인 성도들에게는 기절 초풍할 이야기지만 하나님께 드리는 제사 중에는 '독주의 전제'도 있다. 여기의 '독주'라는 히브리어 '쉐카르'(שֵׁכָר)는 말 그대로 '독한 술'이다.

> 또 그 전제는 어린 양 한 마리에 사분의 일 힌을 드리되 거룩한 곳에서 여호와께 **독주의 전제**를 부어 드릴 것이며 (민 28:7)

사실 '전제(Drink Offering)'라는 제사 자체가 '술을 부어 드리는 제사'이다. 금주 문화를 가진 한국 교회에서는 하나님께 드리는 제사/예배가 '술'로 된다는 사실 자체를 상상하기 힘든 일이지만, 이런 본문을 애써 살피려 하지 않았기 때문에 몰랐을 뿐 이는 어려운 해석이 필요한 문제가 아니다.

> 한 어린 양에 고운 밀가루 십분의 일 에바와 찧은 기름 사분의 일 힌을 더하고 또 전제로 **포도주 사분의 일 힌**을 더할지며 (출 29:40)

> 그 소제로는 기름 섞은 고운 십분의 이 에바를 여호와께

드려 화제로 삼아 향기로운 냄새가 되게 하고 그 전제로
는 **포도주 사분의 일 힌을** 쓸 것이며 (레 23:13)

3) 왜 성경은 포도와 술을 이런 방식으로 사용할까? 성경에서
포도/포도주와 술은 '안식'과 관련되어 있기 때문이다. 정확하
게 말하자면 성경에서 **포도주는 '종말론적 안식 구현의 때에 마
시는 음료'**이다.

성경에서 '포도주'는 마지막 안식이 주어질 때 등장하는 음
료이다. 우리는 이것을 이스라엘이 가나안 땅에 들어갈 때 명령
된 말씀에서 찾아볼 수 있다. 신명기에서 포도주는 약속의 땅에
들어갈 때 먹게 되는 음료, 곧 최종 안식 구현의 때에 마시는 종
말론적 음료였다.

> 네 하나님 여호와 앞 곧 여호와께서 그의 이름을 두시려
> 고 택하신 곳에서 네 곡식과 포도주와 기름의 십일조를
> 먹으며 또 네 소와 양의 처음 난 것을 먹고 네 하나님 여
> 호와 경외하기를 항상 배울 것이니라 (신 14:23)

약속의 땅에서 그들에게 약속된 것은 '이른 비와 늦은 비'
(하나님께서 주시는 은혜)를 통해 얻어지는 '포도주'와 '기름'이다.
포도주는 '약속의 땅에서의 풍요'의 상징물이다.

> 여호와께서 너희의 땅에 이른 비, 늦은 비를 적당한 때에

내리시리니 너희가 곡식과 포도주와 기름을 얻을 것이요
(신 11:14)

일반적인 술이 여기에 포함된다.

네 마음에 원하는 모든 것을 그 돈으로 사되 소나 양이나
포도주나 독주 등 네 마음에 원하는 모든 것을 구하고, 거
기 네 하나님 여호와 앞에서 너와 네 권속이 함께 먹고 즐
거워할 것이며 (신 14:26)

이런 포도/포도주의 특성 때문에 선지서들은 **마지막 날, 여
호와의 날이 도래할 때**를 '포도주가 흘러 넘치는 날'로 묘사했다
(사 25:6; 27:2; 55:1; 렘 31:12; 호 2:22; 욜 2:19, 24; 3:18). 즉, '포도주
의 날'은 완성의 날이다. 대표적인 구절은 다음과 같다.

그 날에 산들이 단 포도주를 떨어뜨릴 것이며 작은 산들
이 젖을 흘릴 것이며 유다 모든 시내가 물을 흘릴 것이며
여호와의 성전에서 샘이 흘러 나와서 싯딤 골짜기에 대리
라 (욜 3:18)

만군의 여호와께서 이 산에서 만민을 위하여 기름진 것과
오래 저장하였던 포도주로 연회를 베푸시리니 곧 골수가
가득한 기름진 것과 오래 저장하였던 맑은 포도주로 하실
것이며 (사 25:6)

그 날에 너희는 아름다운 포도원을 두고 노래를 부를지어

다 (사 27:2)

그러므로 당연히 이스라엘 역사 안에서 종말론적 안식의 구현을 표현하는 상투어는 "사람들이 각각 자기 포도나무와 자기 무화과나무 아래에서 평안히(안식을 누리며) 사는 것"이다.

> 솔로몬이 사는 동안에 유다와 이스라엘이 단에서부터 브엘세바에 이르기까지 각기 포도나무 아래와 무화과나무 아래에서 평안히 살았더라 (왕상 4:25)

> 각 사람이 자기 포도나무 아래와 자기 무화과나무 아래 앉을 것이라 그들을 두렵게 할 자가 없으리니 이는 만군의 여호와의 입이 이같이 말씀하셨음이라 (미 4:4)

> 만군의 여호와가 말하노라 그 날에 너희가 각각 포도나무와 무화과나무 아래로 서로 초대하리라 하셨느니라 (슥 3:10)

성경의 이런 심상을 이해하면 예수님께서 예루살렘에 입성하실 때 무화과나무를 마르게 하신 것을 어리석은 생태학적 관점("왜 죄 없는 식물을 죽이시는가!")에서 접근하지 않게 된다. 왜냐하면 포도나무와 무화과나무가 이렇듯 다분히 종말론적 안식 구현을 함의하므로, 반대로 이스라엘이 불순종하여 심판을 촉발했을 때 구약은 이 나무들의 마름을 말하기 때문이다. "무

화과 나무 잎이 마르고 포도 열매가 없으며"라는 노래를 CCM
으로 열심히 부르면서 예수님이 무화과 나무를 마르게 한 것을
여기 연결하지 않는 것은 이해하기 어렵다. 우리의 성경 이해의
미숙함을 보여주는 좋은 예이다.

> 그들의 포도나무와 무화과나무를 치시며 그들의 지경에
> 있는 나무를 찍으셨도다 (시 105:33)

> 하늘의 만상이 사라지고 하늘들이 두루마리같이 말리되
> 그 만상의 쇠잔함이 포도나무 잎이 마름 같고 무화과나무
> 잎이 마름 같으리라 (사 34:4)

> 여호와의 말씀이니라 내가 그들을 진멸하리니 포도나무
> 에 포도가 없을 것이며 무화과나무에 무화과가 없을 것이
> 며 그 잎사귀가 마를 것이라 내가 그들에게 준 것이 없어
> 지리라 하셨나니 (렘 8:13)

> 그들이 내 포도나무를 멸하며 내 무화과나무를 긁어 말
> 갛게 벗겨서 버리니 그 모든 가지가 하얗게 되었도다
> (욜 1:7)

> 포도나무가 시들었고 무화과나무가 말랐으며 석류나무
> 와 대추나무와 사과나무와 밭의 모든 나무가 다 시들었으
> 니 이러므로 사람의 즐거움이 말랐도다 (욜 1:12)

> 비록 무화과나무가 무성하지 못하며 포도나무에 열매가
> 없으며 감람나무에 소출이 없으며 밭에 먹을 것이 없으며

우리에 양이 없으며 외양간에 소가 없을지라도 (합 3:17)

성경의 언급을 정리하면 내용은 간명해진다. 성경에서 포도와 포도주는 '하나님 안에서 누리는 기쁨을 위한 도구'였으며, 따라서 종말론적 과실/음료였다. 하나님께서 주시는 안식이 구현되는 마지막의 때가 될 때 이스라엘에게는 포도/포도주가 주어졌다. 그래서 이스라엘이 가나안 땅을 완전히 정복하고 그 땅에 안식이 구현되었을 때 술은 '안식이 구현되었음'을 보여주는 음료로 풍성하게 들이켜질 것으로 제시되었으며, 종말론적 완성이 도래했을 때 사람들에게는 요엘과 이사야에서처럼 흘러넘치는 포도주의 그림이 주어졌다.

곧 이스라엘에게 포도/포도주와 다른 술들은 안식이 구현되었을 때 그 백성들이 축제를 열면서 마시는 음료로서, 완성, 곧 종말적 안식을 보여주는 것이었다.

왜 나실인에게 포도/포도주가 금지되었는가?

우리가 성경의 포도나 포도주를 이렇게 이해하게 되면, 나실인에게 포도나 포도주가 금지된 것은 '금주'나 '경건'의 문제가 아니게 된다. 오히려 나실인에게 포도나 포도주가 금지된 것은 오히려 포도와 포도주가 나타내고 있는 '종말론적 특성', '종말론적 안식 구현의 특성' 때문이다.

말하자면 나실인이 포도/포도주를 먹지 못하는 이유는 나실인 사역의 특성이 이 포도와 포도주가 나타내는 때에 아직 이르지 않았음을 보여주기 때문이다. 나실인의 사역이 '아직 완전한 안식이 오지 않은 시기', 곧 '포도/포도주의 안식이 구현되지 않은 시기의 사역'이었기 때문에 그에게는 포도와 포도주가 금지된다. 그는 아직 **진행 중의 사역자**였기 때문이다!

약속의 땅에 들어갈 때의 언급을 다시 정리해 보자. 이스라엘이 광야에 있었을 때에는 포도주/독주가 금지되었다.

> 주께서 사십 년 동안 너희를 광야에서 인도하셨거니와 너희 몸의 옷이 낡아지지 아니하였고 너희 발의 신이 해어지지 아니하였으며 너희에게 떡도 먹지 못하며 **포도주나 독주를 마시지 못하게 하셨음은** 주는 너희의 하나님 여호와이신 줄을 알게 하려 하심이니라 (신 29:5-6)

하지만 이스라엘이 가나안 땅에 들어갔을 때 이 모든 것이 허락된다.

> 네 하나님 여호와 앞 곧 여호와께서 그의 이름을 두시려고 택하신 곳에서 네 **곡식과 포도주와 기름의 십일조를 먹으며** 또 네 소과 양의 처음 난 것을 먹고 네 하나님 여호와 경외하기를 항상 배울 것이니라 (신 14:23)

네 마음에 원하는 모든 것을 그 돈으로 사되 소나 양이나
포도주나 독주 등 네 마음에 원하는 모든 것을 구하고 거
기 네 하나님 여호와 앞에서 너와 네 권속이 함께 먹고 즐
거워할 것이며 (신 14:26)

이처럼 나실인에게 포도주가 금지되는 이유는 그의 직분이
'안식이 아직 오지 않았음'을 보여주는 직분이기 때문이다. 언제
그가 다시 포도주를 마실 수 있는가? 그가 나실인의 직무를 훌
륭히 마쳤을 때이다.

나실인의 법은 이러하니라 자기의 몸을 구별한 날이 차면
그 사람을 회막 문으로 데리고 갈 것이요 … **그 후에는 나
실인이 포도주를 마실 수 있느니라** (민 6:13, 20)

광야의 이스라엘은 '전투하는 교회'였다. 전투하는 교회는
안식의 땅에 들어가기 전까지 포도주를 마셔서는 안 되었다. 마
찬가지로 나실인은 '아직은 싸우는 자'였다. 아직 안식이 구현되
지 않았다. 아직 종말이 도래하지 않았다. 그러므로 그에게 아
직 포도주가 허락되지 않았다. 나실인은 모두 '여전히 싸우는
자'였기 때문에 포도주가 금지되었다.

그러므로 너는 삼가 포도주와 독주를 마시지 말며
(삿 13:4)

그리고 포도와 포도주에 관한 이러한 나실인의 사역과의 연관성은 우리를 '**행복한 전망**'으로 이끌어 간다. 왜냐하면 나실인의 직무가 모두 마쳐졌을 때, 약속의 땅을 온전히 차지했을 때, 종말론적 안식이 구현되었을 때, 우리가 포도주를 들이키게 될 것이기 때문이다!

하나님께서 고통의 시대인 사사 시대를 끊으시는 그 날에, 나실인들의 사명이 완수되고, 모든 주의 백성은 즐거움에 차서 포도주를 들이키게 될 것이다! 나실인에게 금지된 포도주는 종말론적 안식을 지향하고 있으므로, 완성의 날을 내다보고 있으므로, 비록 나실인들과 교회가 싸우고 있는 과정이라 하더라도 이들은 '행복한 금주'를 할 수 있다. 금지되었던 포도주를 들이킬 날이 올 것이기 때문이다! 가나안에 들어갈 것이며, 축제가 시작될 것이다!

그리스도: 포도주 제조자

그 날이 언제인가? 요한복음은 2장에서 "첫 표적"을 언급한다(요 2:11). "표적"이란 sign이다. 무언가를 지시하기 위한 '표지판' 같은 것이다. 무엇을 지시하는가? 요한복음 2장의 '가나 혼인 잔치'에서 주님께서 '물로 포도주를 만드신 일'은 무엇의 표적인가? 요한복음에서 '표적'이 무엇인지는 20장 말미에 설명이 나온다.

> 예수께서 제자들 앞에서 이 책에 기록되지 아니한 **다른 표적도 많이 행하셨으나 오직 이것을 기록함은** 너희로 예수께서 하나님의 아들 그리스도이심을 믿게 하려 함이요 또 너희로 믿고 그 이름을 힘입어 생명을 얻게 하려 함이니라 (요 20:30-31)

"오직 이것을 기록함은"에서 "이것"은 요한복음이 기록하고 있는 내용을 말하는 것이며, 따라서 "다른 표적도 많이 행하셨으나 오직 이것을 기록했다"는 말의 의미는 요한복음 안의 내용들이 모두 "표적들"이라는 뜻이다. 즉 요한복음은 스스로 '표적들의 책'이라고 한다(요한복음에는 총 7개의 표적이 나온다). 그리고 이런 표적들이 왜 주어졌는지도 말한다. "예수께서 하나님의 아들 그리스도이심을 믿게 함", "그 이름을 힘입어 생명을 얻게 하려 함"이다. '표적'은 예수님께서 하나님의 아들로서, 이 땅에 메시아로서 오신 분이라는 것을 가리키고 있는 표지판 같은 것이다.

따라서 예수님께서 '첫 표적'으로 '물로 포도주를 만드시는 일'을 선택한 것은, 예수님께서 와인 제조에 취미를 갖고 계셨기 때문이 아니다. 잔치를 베푼 집이 곤란을 당했으니 단순히 그 어려움을 해결해 주시는 데 목적이 있으셨음도 아니다(그랬다면 이것을 '표적'이라 부를 수 없을 것이다). 예수님께서 당신이 이 세상에 오셔서, 처음 자신을 드러내시는 표적으로서 '포도주를 만드시는 일'을 택하신 것은, 어떤 면모로서도 당연히 **그분이 누구신지를 드러내시기 위함**이다. 곧 그분은 **'포도주 제조자'**이시다! 그분은 종말론적 안식의 음료를 가져오시는 분, 안식의 최종적 성취를 이루실 분이시다.[4]

예수 그리스도는 다시 구원을 이룰 수 없는 "유대인의 정결 예식"의 물(요 2:6)을 가지고 잔치의 포도주를 만드시는 분이시다. 이 땅에 오신 하나님의 아들 그리스도는 '죽어버린 전례의 물'을 '잔치의 포도주', 곧 '종말론적 안식 구현의 음료'로 바꾸시는 분이시다. 예수 그리스도께서는 '죽음'을 자신의 피로 변화시켜, 그분의 피가 완전한 안식 구현을 위한 잔치의 음료로 내어주시는 분이시다. 그분을 통해 종말론적 안식이 도래한다!

예수님은 최후의 나실인으로서, 나실인의 사역을 이 땅에서 모두 완수하신 후 자기 백성들에게 '가나안의 음료', '포도주의 잔치'를 주시는 분이시다. 그리스도의 이 목적성을 이루는 데 '포도주 제조자'보다 더 나은 표적은 있을 수 없다.

---

4 인자가 안식일의 주인이다. 마 12:8; 막 2:28; 눅 6:5.

안식의 완성: 그리스도의 죽음과 성찬의 포도주

안식의 완성, 종말론적 안식의 완전한 구현은 어떻게 이루어지는가? 주님이 십자가에 달리시기 전에 이렇게 말씀하셨다.

> 그러나 내가 너희에게 이르노니 내가 포도나무에서 난 것을 이제부터 내 아버지의 나라에서 새 것으로 너희와 함께 마시는 날까지 **마시지 아니하리라** 하시니라 (마 26:29)

주님은 말씀하셨다. "포도나무에서 난 것"을 "아버지의 나라에서 새 것으로 마시겠다"라고 말이다. 그러나 지금은 아니다. "마시지 아니하리라" 하셨으니 말이다. 주님은 최후의 순간이 오기까지는 '전쟁 중인 나실인'이셨다. 아직은 포도주를 마실 수 없으시다고 스스로 말씀하셨다.

그러나 "모든 일이 이루어졌을 때", 곧 요한복음 19장 28절 말씀, "그 후에 예수께서 모든 일이 이미 이루어진 줄 아시고 성경을 응하게 하려 하사 이르시되 내가 목마르다 하시니", 그러니까 아버지께서 아들 예수 그리스도를 통하여 이루고자 하셨던 일이 모두 이루어졌다는 것을 확인하셨을 때, 주님은 "성경을 응하게 하시기 위해" "목마르다"라고 하셨고, 이어지는 29절과 30절에서 포도주를 받으셨다.

거기 신 포도주가 가득히 담긴 그릇이 있는지라 사람들
이 신 포도주를 적신 해면을 우슬초에 매어 예수의 입에
대니 예수께서 **신 포도주를 받으신 후에** 이르시되 **다 이
루었다** 하시고 머리를 숙이니 영혼이 떠나가시니라 (요
19:29-30)

포도주를 받으신 후에 "다 이루었다!"라고 하셨다. 이 "이루
다"에 주목하라. "모든 일이 이루어진 줄 아시고" 포도주를 받겠
다 하셨으며, 포도주를 받으신 후에 "다 이루었다"라고 하셨다.
나실인의 사역이 완수된 것이다!

나실인의 사역, 종말론적 안식의 완성은 무엇을 통해 이루
어졌는가? 그분의 죽음이다. 그리스도께서는 자신의 피로 이
'포도주의 날'을 도래케 하셨다. 완성은 무엇을 통해 오는가? 그
분의 죽음을 통해서다. 그리고 거기에 동참하는 자는 '누구나'
안식에 들어가게 된다.

왜 그리스도 이후의 시대를 살아가는 우리는 '가나안 전에
는 허락되지 아니한', '나실인의 직무가 끝나지 아니한 때에는
허락되지 아니한' 포도주를 주일의 예배, 성찬 속에서 받는 것인
가? 왜 주님께서는 자신의 죽음을 기념할 성찬을 제정하실 때,
그 음료로서 '포도주'를 선택하셨는가?

안식이 이미 왔기 때문이다! 그리스도께서 이 포도주의 의
미를 모두 성취하신 후, 자기 백성들에게 '자신의 피/포도주를

잔치 음료로' 주셨기 때문이다! 그분의 피로 포도주를 도래케 하셨으므로, 이제 그분의 피 안에서 우리는 종말론적 안식 안에 들어가게 되었기 때문이다!

그러므로 21세기의 교회, 아니 오고 오는 모든 시대의 교회는 이 신비의 성찬 속에서 요엘이 아련한 눈으로 멀리 내다보았던 완전한 풍요, 하나님께서 자기 백성에게 주시리라 하셨던 그 완전한 안식이 흘러 넘치는 것을 마음껏 경험한다. 어린양의 혼인잔치가 남아 있지만 우리는 이미 거기에 발을 담그고 있다!

> 여호와께서 시온에서 부르짖고 예루살렘에서 목소리를 내시리니 하늘과 땅이 진동하리로다 그러나 여호와께서 그의 백성의 피난처, 이스라엘 자손의 산성이 되시리로다 그런즉 너희가 나는 내 성산 시온에 사는 너희 하나님 여호와인 줄 알 것이라 예루살렘이 거룩하리니 다시는 이방 사람이 그 가운데로 통행하지 못하리로다 그날에 산들이 단 포도주를 떨어뜨릴 것이며 작은 산들이 젖을 흘릴 것이며 유다 모든 시내가 물을 흘릴 것이며 여호와의 성전에서 샘이 흘러 나와서 싯딤 골짜기에 대리라 (욜 3:16-18)

(3) 머리카락, 하나님의 영광을 드러내는 자

"정우성처럼 잘라주세요!"

헤어 스타일은 패션의 중요한 부분이다. 사람들은 헤어 스타일로 많은 것을 말한다. 똑같은 탈모여도 앞머리가 맨질맨질하고 옆머리가 풍성한 사람은 20대에도 '아재'가 되는 반면, 피할 수 없는 운명으로 탈모를 만났음에도 어떤 이는 트랜디하게 머리를 완전히 민 다음 '멋진 대머리'가 된다.

삼손에게 "머리카락을 잘라서는 안 된다"라는 규정이 주어졌을 때, 이것을 들은 여러분은 무엇을 생각했는가? 성경 동화나 성경 애니메이션에 나오는 삼손의 이미지에서 '머리카락'이 '힘의 근원'이었다. 이것은 마치 그리스 신화나 이솝 우화와 비슷하다. 마치 그림책 안에 나오는 '그저 희한한 이야기'처럼, 삼손에게는 '단지 독특하게도' 머리카락에 자기의 힘을 통제하는 무언가가 있었을 뿐이다. 이것은 일종의 '마법'이다.

그러나 정말 그럴까? 정말 삼손의 힘이 자르지 않은 머리카락에서 나온다는 의미는 우리가 어릴 때 보던 만화영화에서와 같은 그런 방식으로 힘의 원천인 것일까? 만약 그렇다면 성경은 동화책인가? 솔직하게 말하자면, 뒷꿈치 쪽을 잘리지 않으면 완전히 강했던 아킬레스나 반신반인이었던 헤라클레스와 삼손이 어떤 면에서 다른가? 성경은 신화와 전설의 책인가?

"머리카락을 자르지 말라." 아무도 이 규정의 참된 성경적 의미를 고민하지 않는 것 같다. 누구도 자신이 성경을 읽을 때 삼손의 힘의 원천이 머리카락이라는 사실을 믿는다는 것이 아킬레스와 헤라클레스를 믿는 것과 다를 바 없다는 점에 대해 비판하지 않는 것 같다. 그래서는 안 된다. 성경은 신화와 전설이 아니라 구원의 책이며 장발 삼손은 구원자로서 나실인이다. 성경은 헤어 스타일이 사람을 구원할 수 있다고 가르치는 책이 아니다. 그럼에도 불구하고 특정한 헤어스타일을 요구하고 있다면 그것은 '다른 이유'가 있기 때문일 뿐이다. 이 장에서는 이 주제를 생각해 보자.

'자르지 않는 머리'에 대해 중요한 힌트를 주는 본문들

앞서 살핀 대로 민수기에는 나실인의 규정이 나오며 여기에 머리에 삭도를 대서는 안 된다는 규정이 나온다.

> 그 서원을 하고 구별하는 모든 날 동안은 삭도를 절대로 그의 머리에 대지 말 것이니라 자기 몸을 구별하여 여호와께 드리는 날이 차기까지 그는 **거룩한즉** 그의 머리털을 **길게 자라게 할 것**이며 (민 6:5)

여기에서 "거룩"과 "머리털을 길게 자라게 할 것"이 연결되어 있음을 주의하라. 즉 머리카락을 길게 두는 것은 단순한 헤어 스타일도, 신화적 혹은 공상적 힘의 원천으로서의 머리카락도 아닌 '거룩'과 관련되어 있다.

더불어 이어지는 7절에, "자기 몸을 구별하여 하나님께 드리는 표가 그 머리에 있다(민 6:7)"라고 했는데, 머리를 기르는 것이 "하나님께 자신을 드리는 표"라고 했다. 단순한 패션의 문제가 아니다. 머리를 자르지 않고 길게 기르는 것은 하나님과 관련된 표식으로서 중요한 의미가 있었다.

같은 맥락에서 '거룩'의 반대편 또한 해당 문맥에서 언급됨에 주목해야 한다. 민수기의 이 규례에는 '머리를 잘라야 하는 때'도 함께 언급되어 있는데, '거룩'의 반대, 곧 '부정하게 될 때'이다.

> 누가 갑자기 그 곁에서 죽어서 스스로 구별한 자의 머리를 **더럽히면** 그의 몸을 정결하게 하는 날에 **머리를 밀 것이니** 곧 일곱째 날에 밀 것이며 (민 6:9)

이 두 가지 말씀을 통해서 우리는 삼손, 곧 나실인들이 머리를 길게 길렀던 것이 '거룩'과 관련된 것임을 분명히 알 수 있게 된다. 자, 그러면 왜 머리를 길게 자라게 두는 것이 거룩과 관련되는 것일까? 성경을 따라 몇 가지를 생각해 보자.

1) 대머리

나실인은 '한시적 제사장'이라고 했다. 그런 점에서 제사장의 규례를 보면, 제사장은 머리를 대머리처럼 해서는 안 되었다.

> 제사장들은 머리털을 깎아 대머리 같게 하지 말며 자기의
> 수염 양쪽을 깎지 말며 살을 베지 말고 (레 21:5)

제사장이 '대머리처럼' 해서는 안 된다는 것은 역시 마찬가지로 헤어 스타일의 문제가 아니다. 의미가 있는 규정이고, 일종의 상징적 시각 언어라고 해야 한다. 성경의 많은 제의적 규례가 '시각적 언어로서의 의미'를 갖고 있는데, 왜냐하면 기본적으로 '제의'라는 것 자체가 '보이지 않는 것을 보이는 것으로' 형상화한 것이기 때문이다.

즉 제의적인 것은 반드시 무언가가 '의미 부여' 된다. '거룩'이라는 추상적 개념을 무슨 수로 '표현'할 것인가? 그래서 사람은 추상 신호를 만들어 낸다. 즉 "흰색을 거룩을 형상화한 것으로 사용하자"라는 식인 것이다. 성경 또한 마찬가지이다. 성경에서도 언제든 거룩하고 종교적인 개념은 무언가 구체적으로 형상화하는 것을 통하여 '표시'했던 것이다. 대표적인 예로 음식법 같은 것을 들 수 있다.

> 네 발로 다니는 모든 짐승 중 발바닥으로 다니는 것은 다
> 네게 부정하니 그 주검을 만지는 자는 저녁까지 부정할
> 것이며 (레 11:27)

즉, '시각 언어'이다. 하나님은 '거룩'을 가르치기 위하여 자기 백성의 생활 속에 제의를 저런 방식으로 보이는 것으로 규정하셨다. 타락 이후 땅은 부정하게 되었기 때문에 사람은 거룩한 땅에서만 "네 발에서 신을 벗으라"(출 3:5; 수 5:15)는 명령을 받았고, 이것을 음식법에 적용하면 땅과의 이격을 위하여 일종의 신발을 신고 있는 것으로 보이는(시각 언어) 굽을 가진 짐승들만이 정결하다고 간주되었다. 따라서 돼지는 "발바닥으로 다니기 때문"에 부정하다.

이처럼 제사장이 '대머리처럼' 해서는 안 된다는 것 역시 '시각 언어'이다. 그럼 '대머리'는 무엇을 보여주는 시각 언어일까? 이 역시 성경에 해설이 나온다.

> 너는 네 기뻐하는 자식으로 인하여 네 머리털을 깎아 대머리 같게 할지어다 네 머리가 크게 벗어지게 하기를 독수리 같게 할지어다 이는 그들이 사로잡혀 떠났음이라
> (미 1:16)

미가는 부패한 사마리아와 유다 땅에 심판을 선고한다. 하나님의 백성은 하나님의 백성으로서의 지위를 이탈했으므로 모두 포로로 끌려갈 것이다. 바로 이때, 미가는 이 패역한 자들에게 "머리털을 깎아 대머리 같게" 하라고 명령했다. 그들이 그렇게 해야 하는 이유를 "네 머리가 크게 벗어지게 하기를 독수

리 같게 할지어다"라고 한다. 그렇다. 대머리처럼 되어야 하는 이유는 대머리가 독수리를 생각나게 하기 때문이다(역시 시각 언어). 그리고 독수리는 대표적인 '부정한 짐승'이다(레 11:13). 왜냐하면 독수리는 시체에 내려 앉기 때문이다.

즉 이스라엘에서 '대머리'는 '거룩'의 반대편에 있는 부정, 곧 시체에 내려앉는 새인 독수리를 생각나게 하기 때문에 부정하게 간주되었다. 제사장은 거룩을 보여주는 직분이었기 때문에 대머리가 되어서는 안 되었다. 나실인 역시 한시적 제사장이었기 때문에 제사장의 규례를 그대로 따른다. 그는 대머리가 되어서는 안 되었다. 나실인도 거룩한 자였기 때문이다.

2) 거룩한 머리

반면 길게 자란 머리는 '영광'을 드러낸다. 우리는 고린도전서 11장에서 여자가 긴 머리를 유지해야 하는 이유를 역시 헤어스타일의 문제가 아니라 제의적 문제, 영적 문제의 일환으로 여기고 있음을 발견한다. 초창기 교회가 여성의 머리 문제를 다룬 것은 여성 인권의 문제로 접근해서도 안 되고, 패션의 문제로 접근해서도 안 된다. 이는 언제나 더 중요한 의미를 함의한 상징이다.

고린도전서 11장의 '머리에 무언가를 쓰는 문제'의 핵심은

10절로 "그러므로 여자는 천사들로 말미암아 **권세 아래에 있는 표를 그 머리 위에 둘지니라**"이다. 여자의 "긴 머리는 쓰는 것을 대신하여 주어진 것"(15절)이다. 즉 머리는 '권세'와 관련되었으며 그 권세를 표시하는 역할이 여자에게 주어졌다.

여자의 긴 머리, 혹은 머리에 무언가를 쓰는 것이 권세 아래 있음을 보여주는 역할을 하는 것은 "남자의 머리는 그리스도요, 여자의 머리는 남자요, 그리스도의 머리는 하나님"이시기 때문(3절)이다. 즉 남자가 머리에 쓰지 않는 것은 비록 그도 그리스도의 아래에 있긴 하지만 이 땅에서는 자신이 여자의 머리 됨을 '표시'하고 있기 때문이요, 따라서 여자가 긴 머리를 갖거나 머리에 무언가를 쓰는 것은 우리 인생이(여자뿐 아니라 남자 역시) '하나님의 권위 아래 있다'는 것을 보여주고 있는 중요한 표식인 것이다.

그러므로 교회에서 여자는 굉장히 중요한 직분적 역할을 하고 있다. 그것은 바로 **'사람은 하나님께 복종하는 자이다'라는 사실의 가시적 형상**이다. 따라서 오늘날 현대 교회에서 '여권 신장'이라는 단지 세속적인 이유 때문에 '겸손과 섬김의 눈에 보이는 표식', '인생은 하나님 아래에 있다는 것의 표식'으로서 주어져 있는 여성들의 섬기는 지위를 계속해서 부인하는 것은 결국 '그리스도께 대한 우리의 헌신', '신부된 교회가 신랑된 그리스도께 바치는 섬김'을 망가뜨린다.

현대 교회는 단지 여성 인권이라고 하는 세속의 가치관을 따라 교회에 주어진 질서를 부술 것인지, 아니면 이 상징을 유지하는 것을 통하여 성경의 교리가 교회를 지배하게 할 것인지를 결정해야 한다. 그렇지만 성경의 본 의미에는 별반 관심이 없고 성경을 오직 여러 신변 잡기적 삶의 지침서로만 여기는 풍조로 인해, 성경이 보여주고 있는 가치관들이 이미 오래전에 변질되었다.

결국 성경의 '대머리'와 '긴 머리'에 대한 언급은 모두 동일한 것을 드러내고 있다. 자르지 않은 긴 머리는 하나님의 영광과 권력을, 민 머리 혹은 대머리는 부정한 것을 드러낸다. 성경의 시각 언어를 이해하지 못하고, 제의가 가진 표징성, 상징성을 이해하지 못하면 성경이 왜 헤어 스타일을 말하는지 절대로 이해할 수 없다. 헤어 스타일은 '성례전적'이다.

고린도전서를 통해 이스라엘에서 남자들이 머리가 항상 짧았을 것이라고 추측할 수 있다. 이를 염두에 두고 조금 더 상상력을 발휘해 보자. 삼손과 같은 나실인이 활동했을 때 그 모습이 얼마나 각별했을까? 어떤 남자들도 머리를 길게 기르지 않는데, 이스라엘의 구원자 삼손은 평생 단 한번도 자르지 않은, 정말로 긴 머리카락을 휘날리면서 블레셋을 무찔렀던 것이다. 아마도 전장에서 삼손이 적들을 물리치고 있는 장면을 바라보면, 누가 보더라도 그 모습은 압도적이었을 것이다. 장발의 삼손은 전장에서 '거룩을 증시하는 아이콘'이었다!

3) 나지르

이제 조금 더 근원적인 질문으로 들어가 보자. 성경이 머리
카락을 이런 방식으로 사용한다는 것을 깨닫고 나면 "왜?"라는
질문이 떠오를 수 있다. 말하자면 "왜 하나님은 굳이 긴 머리,
곧 자르지 않은 머리가 '거룩'과 '권세'를 상징하도록 하셨는가"
라는 질문이다. 왜 하나님은 길게 늘어 드리워진 머리카락이 하
나님의 거룩과 권세를 나타내도록 하셨을까?

레위기 25장에는 나실인의 긴 머리를 이해하기 위한 가장
중요한 구절이 나온다. 앞의 설명들을 잘 이해했다면, 레위기는
이제 이 사실들에 대해 빛을 비춰주는 구절이다.

> 네가 거둔 후에 자라난 것을 거두지 말고 가꾸지 아니한
> 포도나무가 맺은 열매를 거두지 말라 이는 땅의 안식년임
> 이라 (레 25:5)

> 그 오십 년째 해는 너희의 희년이니 너희는 파종하지 말
> 며 스스로 난 것을 거두지 말며 가꾸지 아니한 포도를 거
> 두지 말라 (레 25:11)

레위기 25장의 이 말씀은 안식년 규례 중 일부이다. 안식년

은 일곱 번째 해로, 일곱 번째 **날**인 안식일의 커다란 확장이다. 그리고 같은 25장에는 안식년이 더 확장되는데 안식년이 일곱 번 곱해진 햇수인 50년째 되는 희년이 그것이다.

안식년의 중요한 주제는 '죄로 말미암아 파괴되었던 세계가 회복되는 것'이다. 안식년과 희년의 규례는 크게 두 가지로 나눌 수 있는데, 하나는 **'관리하지 않은 소출로 먹게 된다'**는 규례이며,[5] 또 다른 하나는 **'종 되었던 자들을 자유케 해 준다'**는 규례이다.

성경에서 안식은 안식일이 되었든, 안식년이 되었든, 희년이 되었든, 모두 '하나님 안에 들어가서 얻게 되는 안식'을 지시하고 보여준다. 안식일에 일을 멈추어야 했던 이유는 '강제 규정'이 아니라 '일에서 놓임'이 목적이었다. 즉 하나님의 안식에 들어갈 때 죄로 말미암아 '땀을 흘려야 했던 것'으로부터 놓임받는다. 그래서 안식년에는 농사를 짓지 않더라도 저절로 난 것을 가지고 충분히 먹을 수 있었다. 그야말로 노동 없는 양식이다! 안식년의 이스라엘은 "사람이 발로 물대기를 하여"(신 11:10), 곧 인간의 노력으로 먹고 마시는 일이 해결되는 애굽의 삶과는 전혀 다른, 하나님의 은혜로 살게 되는 가나안에 약속되었던 바로

---

5 "이마에 땀이 흘러야 먹을 것을 얻게 된다"라는 아담에게 주어진 첫 저주의 회복이다.

그 삶을 경험할 수 있었던 것이다.

더불어 희년에는 팔려 종이 되었던 자들에게 '자유'가 주어진다. 그야말로 죄의 종 된 이들에게 주어지는 완전한 해방을 보여주는 중요한 그림이다! 곧 이 둘은 모두 하나님의 안식에 들어간 자가 얻게 되는 참 기쁨을 안식년과 희년을 통해 얻게 된다는 것이다.

바로 이 안식의 해에, 들의 소산이 마음껏 자라는 때, 거기에 '가꾸지 아니한 포도나무'가 나온다. 사람이 손을 대지 않았으나 저절로 자란 **'가꾸지 아니한'** 포도나무!

여기 "가꾸지 아니한"이 '나실인'의 바로 그 단어, '나지르'(נָזִיר)이다! 이 사실은 우리에게 놀랄 만한 통찰을 준다. 그야말로 삼손의 치렁치렁했던 머리카락은 안식년이 되어 가꾸지도, 거두지도 않고 마음껏 내버려졌던! 그래서 오직 하나님의 손만으로 풍성하게 열매 맺었던! 그러나 사람이 소출을 위하여 아무런 노력도 하지 않았으나 풍성할 만큼 마음껏 먹고 마실 수 있었던! 바로 그 안식년의 포도나무를 보여주었다!

하나님은 나실인의 자르지 않은 머리카락을 통해 보여주신다. 삼손이 평생을 자르지 않은 긴 머리카락을 휘날리면서 블레셋을 쳐부수고 있을 때, 그 긴 머리카락을 통해 말씀하신다. 하나님의 제사장, 하나님의 나실인인 이 구원자가 이스라엘이 가져야 하는 안식의 풍성함을 가져오는 자라는 사실을 말이다. 긴 머리카락! 자르지 않은 머리카락이야말로 '사람이 손대지 않은 풍성함'을 보여준다. 나실인의 긴 머리카락이야말로 하나님 안에 들어가서 인생의 노력 없이 얻게 되는 복된 과실을 보여준다. 이스라엘 백성은 바로 이것을 나실인을 통해 시각적 언어로 교훈 받았으며, 가장 어두운 사사 시대의, 가장 어두운 저점의 시대에 하나님은 장발 삼손을 통해서 이스라엘에게 이것을 명백하게 말씀하셨다.

우리의 안식이신 그리스도

그러므로 삼손의 헤어 스타일은 예수님의 헤어 스타일에서 완성되지 않는다. 예수님께서 머리카락을 자르지 않고 기르신다고 해서 삼손을 완성하는 것이 아니다.[6] 오히려 주님은 삼손이 가졌던 바로 그 본연의 것, 즉 안식년과 희년을 가져오신 분, 사람의 손이 닿지 않아도 흘러 넘치는 하나님의 풍성하고 놀라운 복과 은혜를 넘치도록 하시는 분이시다.

히브리서 4장은 "만일 여호수아가 그들에게 안식을 주었더라면 그 후에 다른 날을 말씀하지 아니하셨으리라"(히 4:8)라고

---

6 아마 주님은 머리가 짧으셨을 것이다. 우리가 흔히 보는 '백인 장발 예수님'은 이후 시대가 만들어낸 거짓 모사이다. 예수님은 팔레스타인 사람이셨다.

한다. 이는 두 가지 사실을 지시하고 있다.

첫째, 여호수아가 그때로서는 안식을 가져왔다는 뜻이다. 우리는 분명히 하나님께서 여호수아의 시대에 안식을 주셨다고 쓰고 있는 것을 읽는다.

> 이제는 너희의 하나님 여호와께서 이미 말씀하신 대로 너희 형제에게 안식을 주셨으니 … (수 22:4)

> 여호와께서 이스라엘의 사방 대적을 다 멸하시고 안식을 이스라엘에게 주신 지 오랜 후에 … (수 23:1, 개역한글판)[7]

이스라엘 역사 속에 안식이 구현되었다는 내용이 성경에 있다. 물론 이것은 절기적으로 곧, 안식일, 안식년, 희년에서도 나타난다. 그뿐 아니라 그때는 여호수아가 말하는 '가나안 정복 후의 땅 분배 때'와, 다윗이 모든 대적을 평정하고 안식의 왕인 솔로몬이 참 평강의 나라를 이루었을 때이다.[8]

솔로몬이 사는 동안에 유다와 이스라엘이 단에서부터 브

---

7 이유를 모르겠지만 개역개정판은 이 구절에서 "안식"이라는 단어를 제거했다. 분명히 '누아흐'를 사용하고 있는데 "안식"을 제거하고 "쉬게 하신지"라고 번역하였다. 당연히 이 구절은 "안식"이라고 번역해야 한다.
8 솔로몬은 히브리어로 '샬롬', 곧 평화에서 온 이름이다.

엘세바에 이르기까지 각기 포도나무 아래와 무화과나무
아래에서 평안히 살았더라 (왕상 4:25)

둘째, 히브리서는 여호수아가 주었던 안식은 실체가 아니라
고 한다. 만약 "여호수아가 진정한 안식을 주었더라면" 이후에
다른 안식은 없었으리라고 한다. 이 말씀은 여호수아가 안식을
주었지만, 실체가 오기 전의 모형이었을 뿐이요, 그가 주었던
안식은 완전한 것은 아니었다는 뜻이다. 이렇게 말하면서 히브
리서는 그 여호수아가 줄 수 없었던 참되고 완전한 안식의 수여
자가 누구인지를 말하는데, 히브리서 4장 마지막은 이렇게 되
어 있다.

> 그러므로 우리에게 큰 대제사장이 계시니 승천하신 이 곧
> 하나님의 아들 예수시라 우리가 믿는 도리를 굳게 잡을지
> 어다 우리에게 있는 대제사장은 우리의 연약함을 동정하
> 지 못하실 이가 아니요 모든 일에 우리와 똑같이 시험을
> 받으신 이로되 죄는 없으시니라 그러므로 우리는 긍휼하
> 심을 받고 때를 따라 돕는 은혜를 얻기 위하여 은혜의 보
> 좌 앞에 담대히 나아갈 것이니라 (히 4:14-16)

아멘! 안식의 주체와 완성은 그리스도이시다. 과거 창조의
때에 하나님께서 안식일을 지정하신 후, "이 날 안에 들어와 나
의 안식에 참여하라"라고 하셨던 것은 그리스도에게서 완성된
다. 과거 이스라엘을 향하여 안식년을 주시면서 "너희가 아무런

땀을 흘리지 않더라도 쉼 중에서 풍성한 양식을 얻게 하겠다"라
고 하셨던 하나님의 약속은 그리스도에게서 완성된다. 과거 희
년의 때에 갇힌 자, 억압받은 자, 상처 입었던 자들을 모두 자신
의 기업으로 돌아가 새로운 출발을 하게 하셨던 것, 종의 멍에
를 매고 죽을 운명 속에서 비탄과 절망으로 살아갈 수밖에 없었
던 이들에게 완전한 자유를 주셨던 모든 것이 바로 이 그리스도
에게서 완성된다. 이스라엘이 가나안 땅에 들어가 여호수아가
안식을 외쳤던 때, 그리고 다윗의 대적과의 피비린내 나는 전투
와 그 결과로서 솔로몬의 시대에 평안과 안식을 얻게 되었을 때
이루어졌던 '땅의 도성'에서의 그림자적인 '하늘의 도성'의 모든
풍성함이 오직 그리스도에게서 완성된다.

　　예수님께서 "인자는 안식일의 주인이니라"(마 12:8; 막 2:28;
눅 6:5)고 말씀하신다. 왜냐하면 진정한 안식은 오직 그분 안에
만 있기 때문이다. 그래서 아우구스티누스는 『고백록』에서 이
렇게 말했다.

　　　당신은 우리를 당신을 향해서(ad te) 살도록 창조하셨으
　　　므로 우리 마음이 당신 안에서(in te) 안식할 때까지는 편
　　　안하지 않습니다![9]

9 　어거스틴, 『성 어거스틴의 고백록』, 선한용 옮김 (서울: 대한기독교서
　　회, 2003), 45.

사마리아 여인은 남편이 여럿이었기 때문에 사람들의 눈이 두려워 일반적으로 물을 뜨지 않는 시간에 나와 물을 길었다. 그녀의 삶을 구체적으로 이렇다 저렇다 말할 만큼 성경이 정보를 많이 주고 있지는 않지만, 몇 구절의 언급만으로도 그녀가 고단한 삶을 살아왔을 것임은 쉽게 짐작할 수 있다. 이런 여인에게 예수님은 "영원히 목마르지 아니할 물"(요 4:14)을 주시마 약속하신다. 고단한 삶은 그쳐진다. 그분을 통해 안식이 도래하기 때문이다. 그분 안에 들어가지 않고서는 쉬임 없는 인생의 참된 마침표는 없다.

우리 또한 마찬가지이다. 장발의 머리카락을 휘날리며 대적을 쳐부수는 삼손이 투영되어 있는, 우리를 위해 안식을 가져오시는, 참된 나실인이신 그분 안에 들어가는 것 이외에는 우리들에게 진정한 안식이란 있을 수 없다. 오직 그분 안에만 진정한 쉼이 있기 때문이다.

> 보라 하나님의 장막이 사람들과 함께 있으매 하나님이 그들과 함께 계시리니 그들은 하나님의 백성이 되고 하나님은 친히 그들과 함께 계셔서 모든 눈물을 그 눈에서 닦아 주시니 다시는 사망이 없고 애통하는 것이나 곡하는 것이나 아픈 것이 다시 있지 아니하리니 처음 것들이 다 지나갔음이러라 보좌에 앉으신 이가 이르시되 보라 내가 만물을 새롭게 하노라 하시고 (계 21:3-5)

(4) 죽음의 죽음, 하나님의 생명을 가져오는 자

삼손은 들릴라와의 좋지 못한 일 때문에 좋은 대접을 거의 받지
못한다. 심지어 성경을 주로 도덕적으로 읽는 사람에게는 성경
인물이 가진 구속사적 역할보다는 각 행위가 가진 선이냐 악이
냐의 기준에서의 모범적 여부만이 중시되기 때문에 더욱 그러
하다. 주로 삼손은 '여자에 미쳐 사명을 내팽개친 난봉꾼' 취급
을 받는다. 하지만 히브리서 11장이 '믿음의 사람들' 중 한 사람
으로 그의 이름을 언급한다는 것을 기억하자. 삼손은 다윗이나
사무엘과 어깨를 나란히 하고 있다.

> 내가 무슨 말을 더 하리요 기드온 바락 삼손 입다 다윗 및
> 사무엘과 선지자들의 일을 말하려면 내게 시간이 부족하
> 리로다 그들은 믿음으로 나라들을 이기기도 하며 의를 행
> 하기도 하며 약속을 받기도 하며 사자들의 입을 막기도
> 하며 (히 11:32-33)

삼손처럼 홀대를 받는 사람의 경우에는 성경을 읽을 때 더
욱 주의해야 할 필요가 있다. 삼손의 생애에서 저평가 되어 마
땅한 부분은 오직 들릴라에게 미혹되었던 그 시기 뿐이다. 사실
그 시기를 제외한 대부분의 삼손, 특히 삶의 전반기의 삼손은
매우 당당한 하나님의 용사였다. 그는 사사로서 자신의 위치를
훌륭히 감당한 사람이었다.

이런 시각을 가지고 사사기 14장을 볼 때 우리는 무슨 이야기를 발견하게 될까? 먼저 사사기 14장에는 삼손이 맨손으로 사자를 찢는 이야기가 나온다. 얼마 후 다시 그 지역을 지날 때 그 사자의 시체로부터 꿀을 취하여 먹는 이야기, 마지막으로 이 일을 가지고 블레셋 사람들에게 수수께끼를 내어 아스글론 사람 삼십 명을 쳐 죽이는 이야기가 나온다. 이 세 이야기는 서로 연결되어 있다.

> 사자를 찢음 – 그 사자에서 꿀을 취함 – 그 사자의 시체로 수수께끼를 냄

여기에는 치밀한 연계가 있다. 통상 사람들은 삼손이 사자를 찢은 이야기를 읽을 때 '한 사람의 영웅 신화를 적당히 기술하기 위하여 삶의 여기저기에 있는 일화들을 짜깁기 한 것처럼' 읽는다. 그렇다면 이런 사건은 사실 '무언가 특별한 의미가 있는 것'은 아니게 된다. 단지 '인상적인 장면'을 만들어 내기 위한 장치요 배경 화면일 뿐이다.

하지만 사사기 14장의 이야기는 그렇게 읽어서는 안 된다. 삼손이 사자를 찢는 이야기는 이순신이 말에서 떨어져 다리가 부러졌지만 버드나무 가지를 꺾어서 부목을 하고 시험을 마무리했다는 영웅담처럼 삼손이라는 기이한 힘을 가진 영웅을 드

러내기 위한 일화로서 제시되는 것이 아니다. 이 이야기는 이후 그 사자의 시체로부터 꿀을 취하는 것, 나아가 이 일을 가지고 수수께끼를 내어 블레셋인들을 학살하게 되는 결과에까지 몽땅 연결되어 커다란 그림을 그리는 데에 기여한다. 이는 단순한 파편적 영웅담이 아니다.

우리는 이 장에서 삼손이 '시체에게서 꿀을 취한 것', 즉 우리가 살피고 있는 나실인의 규례 중 '시체를 가까이 해서는 안된다'라는 규정을 왜 삼손이 어기고 있는 것인지 관심을 기울일 것이다. 그런데 여기에 대답을 하기 위해서는 필수적으로 전제해야 하는 것이 바로 이것이다. 곧 삼손이 아무 생각 없이 여기저기에다 그리스/로마 신화 식의 영웅담을 양산하고 있지 않다는 것이다.

시체에서 꿀을 취한 것의 의미

1) 이 일련의 사건에는 이해를 위한 몇 가지 중요한 열쇠가 있다. 가장 중요한 것은 삼손이 행한 일련의 일들이 모두 '성령 충만'한 가운데 행한 일이었음을 인지하는 것이다. 사사기 13장 마지막 부분에 삼손이 "성령이 충만했다"라는 언급이 나온다. 당연히 삼손의 성령 충만은 사사로서의 사명을 위한 것이다. 그는 통념처럼 정욕에 휘둘려 아무렇게나 산 사람이 아니라 성령

이 충만하여 사역했던, 백성들이 거부하던 시대의 고독한 구원자였다. 그러므로 삼손이 성령이 충만했을 때는 항상 사사 직분을 수행할 때, 즉 성령의 능력으로 커다란 힘을 발휘하여 원수를 격파할 때이다. 삼손의 이야기에서 성령의 언급이 나오는 사건들은 아래와 같다.

- 사자를 맨손으로 찢을 때(14:6)

- 사람들이 수수께끼를 맞힌 후에 분개하여 삼손이 아스글론에 가서 30명을 쳐죽이고 그들에게서 옷을 가져와서 줄 때(14:19)

- 라맛 레히에서 나귀의 턱뼈로 천명을 죽일 때(15:14)

- (잠정적으로 아마도) 마지막 죽기 직전 다곤의 신전을 무너뜨릴 때(16:28-30)

이처럼 삼손에게 성령 충만이 언급될 때는, '원수를 궤멸하는' 사사로서의 직무를 감당하고 있을 때였다. 삼손은 '이스라엘의 구원자'였다. 힘은 셌지만 여자를 밝히는 동네 형이 아니다. 성경은 불필요한 만담을 기록하지 않는다. 성경은 구속 역사에 중요한 사실만 기록한다. 그러므로 삼손의 사역은 반드시 이런 방식으로 읽혀져야 한다. 그는 삶의 대부분을 실패했던 사사가 아니라, 오히려 삶의 대부분을 구원자로서 살았으나 마지막에 결정적인 실패를 했을 뿐이다.

이런 사실을 잘 생각해 보면 14장에서 삼손이 사자를 찢어 죽인 일이 그가 성령이 충만한 상태로 행한 다른 일과 같은 맥락이라고 보는 것이 당연하다. 사사기가 기록하고 있는 그의 사역의 첫 장면이면서 동시에 13장에서 성령의 충만을 받은 삼손이 **처음으로** 그 일을 시행하고 있는 첫 장면인 이 사건이 단지 '심심풀이로' 한 일이 될 수는 없는 일이다. 오히려 정반대로 이 성령 충만으로 인한 첫 사건은 **'다른 모든 사건을 포괄하는'** 상징적 사건으로 보아야 한다.

따라서 사자를 찢어 죽인 일은 반드시 삼손의 구원 사역과 연관되어 있다. 이는 삼손이 사사로서 행한 첫 번째 일이라는 점에서 이후 그의 모든 사역의 프롤로그, 곧 모든 블레셋으로부터의 구원 사건을 보여주고 있다고 생각해야 한다. 이렇게 볼 때, 13장의 사자가 블레셋을 상징적으로 보여주고 있다고 생각하는 것은 전혀 무리가 아니다. 삼손은 **성령의 권능으로** 손에 아무것도 갖지 않고도 **대적 사자를** 찢었다. 이것은 하나님께서 그를 통해 이루실 구원을 보여주는 것이 아니고 무엇이겠는가? 그렇다면 사자는 블레셋이다.

2) 이제 삼손이 나실인이었다는 점에서 그가 '시체에게서 꿀을 취한 것'이 나실인의 규례와 어떤 식으로 연관되는 것인지를 생

각해 보자. 삼손은 사자의 시체에서 꿀을 취한 것을 가지고 블레셋인들에게 다음의 수수께끼를 낸다.[10]

먹는 자에게서 먹는 것이 나오고, 강한 자에게서 단 것이 나온다.

성경을 읽는 현대인들은 이 수수께끼를 듣고, 저렇게 아무렇게나 낸 수수께끼를 어떻게 맞추느냐고 생각할지 모르지만, 고대인들은 바보가 아니다. 만약 삼손이 말도 안 되는 수수께끼를 냈다면 블레셋인들이 가만히 있지 않았을 것이다. 따라서 이 수수께끼는 충분히 설득력 있고, 합당한 과정을 거치면 답을 알 수 있는 종류의 수수께끼여야 한다. 이 수수께끼는 일종의 '문학적 퀴즈'라고 할 수 있는데, 퀴즈의 장치만 이해하면 누구나 풀 수 있는 성격의 것이다. 수수께끼를 정리해 보자.

| 먹는 자 | - | 먹는 것 | 먹는 자에게서 먹는 것이 나왔다. |
| 강한 자 | - | 단 것 | 강한 자에게서 단 것이 나왔다. |

가로로 적힌 것을 세로로 읽어보면,

---

10 이 퀴즈에 대한 해석은 이전에 필자의 책 『한국 교회가 잘못 알고 있는 101가지 성경 이야기』(부흥과 개혁사) 2권 60번에서 다룬 적이 있다.

먹는 자	에게서	먹는 것	이 나왔다.
↓		↓	
강한 자	에게서	단 것	이 나왔다.

즉 이 수수께끼는 "먹는 자 중 강한 자"에게서, "먹는 것 중 단 것"이 나왔다는 언어유희이다. 그러니까 먹는 자, 곧 포식자 중 가장 강한 사자로부터 먹는 것 중 가장 단 것인 꿀을 얻었다는 것을 늘여서 써 놓은 수수께끼이다.

그리고 이 수수께끼는 사사기의 해당 내용 안에서는 단지 블레셋 인들을 죽이기 위한 미끼처럼 보이지만, 사실은 조금 더 중요한 '의미'를 담고 있다. 만약 성령 충만했던 삼손이 이 성령 충만의 표현으로서 블레셋을 의미하는 사자를 찢어 죽였다면, 그 파괴한 대적으로부터 '젖과 꿀'로 대변되는 '약속의 땅'의 이미지를 확연하게 보여주는 꿀을 얻었다는 것은 성경이 자주 보여주는 대적과 그 대적의 궤멸을 통한 약속의 성취가 너무나 현저하기 때문이다.

즉 '성령 충만'과 '사자를 죽인 일', '바로 그 사자로부터 취한 꿀'이라는 세 요소는 밀접하게 연관되어 있다. 하나님의 구원자는 대적을 궤멸한 후, 그 멸망당한 대적의 시체로부터 생명의 양식을 얻는다!

이 사실을 생각할 때, 나실인 규례에서의 '시체를 가까이 해서는 안 된다'라는 요소는 적어도 이 때의 삼손에게는 약간 다른 방식으로 작용되고 있음을 알 수 있다. 삼손은 단순히 나실인 규례를 쓰레기통에 던져 버리는 패륜적 구원자가 아니었다. 우리는 이 일련의 사건들을 읽어갈 때, 삼손이 '성령이 충만한 가운데' 행하고 있음을 잊지 말아야 한다. 그는 성령의 감화 가운데 사역하고 있다! 따라서 시체와의 접촉은 '단순한 위반'이 아니다.

거룩하게 구별되었던 나실인과 제사장들이 왜 시체를 가까이 하지 말았어야 하는가? 그것은 시체가 '죽음'의 산물, 곧 '죄의 결과물'이기 때문이다. 거룩하게 구별된 하나님의 제사장은 '죽음', 곧 '죄'에 가까이 해서는 안 되었다. 율법에서 나병 환자를 거룩한 진 바깥으로 내어 쫓아야 한다는 규정을 읽고서 (레 13:46) 어떤 이들은 종종 공중 위생을 찾으려고 하는데, 구약의 이스라엘에서 나병환자들이 진 밖으로 나가야 했던 이유는 나병이 전염되지 않는다는 사실도 모를 정도로 미개했기 때문이 아니다. 너무나 당연하게도 이것은 보건의 문제가 아니라 종교적 이유 때문이었으며, 그런 관점에서 나병 환자가 진 밖으로 나가야 했던 이유는 나병이 시체의 징후, 곧 죽음을 가시적으로 보여주는 대표적 질병이었기 때문이다. 하나님께서 계시는 거룩한 진 안에는 '죽음'이 있어서는 안 된다. 바로 이런 이유로 나병 환자는 진 밖으로 쫓겨나야 했던 것이다.

이는 병자의 도덕적 잘못도, 공중 보건을 위한 것도 아니었다. 백성들에게 하나님의 거룩이 무엇인지, 하나님 나라 안에는 무엇이 있을 수 없는지를 보여주는 것이었다. 나실인과 제사장이 시체를 가까이하지 말하야 했던 이유는 시체가 질병의 온상이었기 때문도 아니고, 단지 시체가 사람들에게 불쾌감을 주기 때문도 아니었다. 나실인과 제사장은 거룩을 중시하는 이들이었으므로 그들에게 사망의 결과물인 죽음과 시체는 가까이해서는 안 되는 것이었을 뿐이다.

그런데 단순히 시체로부터 멀어져야만 했던 나실인 삼손이, 성령이 충만하여 사자를 찢어 죽인 후에 그 사자로부터 꿀을 취할 때, 우리는 이 '죽음', 곧 '죄의 결과물로서의 사망'이 단순한 하나의 궤적만 가진 것이 아님을 어렴풋하게 깨닫게 된다. 죽음은 반드시 죄의 결과물로서 나쁜 것이지만, 심지어 하나님은 죄조차 선을 위한 도구로 봉사하게끔 변화시키시는 것이다! 하나님은 참으로 "합력하여 선을 이루신다!"(롬 8:28)

도피성, 그리고 대제사장의 죽음

이스라엘에는 '도피성'이라는 제도가 있었다. 가장 먼저 출애굽기 21장에 나온다.

사람을 쳐 죽인 자는 반드시 죽일 것이나 만일 사람이 고

의적으로 한 것이 아니라 나 하나님이 사람을 그의 손에
넘긴 것이면 내가 그를 위하여 한 곳을 정하리니 그 사람
이 그리로 도망할 것이며 (출 21:12-13)

즉 살인을 저지른 경우, 고의적 살인일 경우는 반드시 사형
을 당해야 했지만,[11] 실수로 사람을 죽인 경우에 그는 '도피성'이
라고 불리는 곳으로 피신할 수 있었다.

그리고 도피성에 대한 상세한 규례는 민수기 35장에 나온다.
도피성은 총 여섯 개의 성읍이었고(6절), 이스라엘 전역의 어느
곳에서든 쉽게 접근할 수 있도록 요단 강 이편에 세 성읍, 또 요
단 강 건너편에 세 성읍(14절)이었다. 이스라엘에는 '피를 보복하
는 자'(19절)라는 제도가 있었기 때문에 살해를 당한 친족의 경우
살인자를 만났을 때 직접 복수할 수 있었다. 도피성 제도는 이
피의 보수자에게서 피하여 고의로 살인하지 않은 사람의 경우
죽지 않고 살아갈 수 있도록 하는(11-12절) 법적 안전 장치였다.

그런데 도피성 제도에는 우리의 관심을 끄는 법이 하나 있
는데, 민수기 35장의 도피성 규례 제일 마지막 즈음에 나온다.

피를 보복하는 자의 손에서 살인자를 건져내어 그가 피하

---

11 이어지는 14절에 나온다. "고의로 죽였으면 너는 그를 내 제단에
    서라도 잡아내려 죽일지니라."

였던 도피성으로 돌려보낼 것이요 그는 거룩한 기름 부음을 받은 대제사장이 죽기까지 거기 거주할 것이니라 (민 35:25)

피를 보복하는 자가 도피성 지경 밖에서 그 살인자를 만나 죽일지라도 피 흘린 죄가 없나니 이는 살인자가 대제사장이 죽기까지 그 도피성에 머물러야 할 것임이니라 대제사장이 죽은 후에는 그 살인자가 자기 소유의 땅으로 돌아갈 수 있느니라 (민 35:27-28)

도피성 제도가 살인자를 살 수 있게 만들어 주는 규례였는데, 그는 "대제사장의 죽기까지" 도피성에 머무를 수 있었다. 즉 여기에는 두 가지 원리가 들어 있다.

첫째, 살인자임에도 불구하고 그를 피의 보수자로부터 보호해주는 것은 '도피성'이라는 지경이다. 도피성 안에 들어가 있으면 그는 피의 보복으로부터 안전하다.

둘째, 이렇게 도피성으로 인해 보호받던 이 살인자는 그 시대의 대제사장이 죽게 될 경우 완전히 죄로부터 해방된다. 그는 이제 도피성으로부터 나와서 다시 집으로 돌아갈 수 있다.

이스라엘의 도피성이라는 제도는 피흘린 죄를 지은 자가 '도피성' 때문에 살 수 있다는 것을 보여주는 제도이면서, 더 나아가 대제사장이 죽게 되면 그는 죄로부터 해방된다.

이스라엘의 '도피성' 제도, 특히 이 둘째 원리는 다분히 희년을 떠올리게 한다. 이스라엘에는 가난으로 인하여 자기 몸을 종으로 팔 경우, 다시 자신의 기업으로 돌아오게 하는 법이 있었다. 곧 '희년'의 제도로 제아무리 가난하고 짓이겨진 삶을 살았더라도 매 50년째 되는 해에는 모든 것을 리셋하고, 다시 부채를 탕감받고 기업을 되찾은 후 새로운 삶을 시작할 수 있었다 (레 25장). 그런데 이 실제적 생활의 문제, 곧 '부채로 인하여 노예가 된 생활'을 신약성경은 일종의 비유로 읽기를 요청한다. 이는 예수님이 자신을 '희년을 성취하신 분'으로 그리고 있기 때문이다.

> 예수께서 그 자라나신 곳 나사렛에 이르사 안식일에 늘 하시던 대로 회당에 들어가사 성경을 읽으려고 서시매 선지자 이사야의 글을 드리거늘 책을 펴서 이렇게 기록된 데를 찾으시니 곧 '주의 성령이 내게 임하셨으니 이는 가난한 자에게 복음을 전하게 하시려고 내게 기름을 부으시고 나를 보내사 포로 된 자에게 자유를, 눈 먼 자에게 다시 보게 함을 전파하며 눌린 자를 자유롭게 하고 주의 은혜의 해(희년)를 전파하게 하려 하심이라' 하였더라 (눅 4:16-19)

1) 희년이 되면 종이었더라도 그는 다시 자신의 집으로 돌아갈 수 있었다.

2) 유사하게, 대제사장이 죽으면 그가 살인자의 몸으로 도피성
   에 있었더라도 그는 다시 자신의 집으로 돌아갈 수 있었다.
3) 그리스도가 곧 희년의 성취자이시다. 이 그리스도가 곧 대제
   사장이시다.

우리는 도피성 제도 자체에서도 '우리의 피난처'(사 25:4)요
'피할 바위'(삼하 22:3; 시 18:2; 고전 10:4)되시는 그리스도를 발견
한다. 하지만 그뿐 아니다. 그 도피성 제도 안에서 한정적 자유
를 누리던 이들은 대제사장의 죽음과 함께 완전한 놓임을 얻게
된다. 우리 주님은 자신이 희년의 성취자이심을 말씀하셨다. 그
야말로 "누구든지 주 예수를 믿으면 구원을 얻는다!"(롬 10:13)
죽음은 죄의 삯이며(롬 6:23) 혐오스런 것이지만 **어떤 분의 죽음
은** 억압받고 있던 종의 몸에 있던 모든 인류에게 구원을 베풀
수도 있다! 죽음의 전혀 다른 국면이다.

죽음을 변화시켜 부활로 만드시는 분

칼 바르트는 그의 유명한 『로마서 강해』에서 루터가 말한 "죽음
의 죽음, 죄의 죄, 독의 독, 포로의 포로"를 인용한다.

'그리스도가 아버지의 영광에 의하여 죽은 자들로부터 깨

어남을 받으신 것과 같이 우리들 역시 생명의 새로움 가운데 살아가도록 죽음의 세례를 통하여 그와 함께 묻혔습니다.' 왜 이 죽음이 은혜인가? 그것은 그 죽음이 '죽음의 죽음이요, 죄의 죄이며, 독의 독이요, 포로의 포로이기 때문이다'(루터). 그것은 죽음에 근원되는 파괴와 전복시킴과 괴멸시킴이 하나님의 행위이기 때문이며, 죽음의 부정이 갖고 있는 강력함은 근원적으로 가장 강력한 긍정이기 때문이다. 이 인간 위에 내려진 마지막 말로서 죽음은 동시에 새로운 인간을 향한 돌쩌귀요, 문턱이요, 건널목이요, 전기(die Wende)이기 때문이다.[12]

하나님께서 그리스도를 통하여 인생의 죄의 문제를 해결하려고 하셨을 때, 여러 방법과 가능성들이 있었겠지만 하나님께서는 죽음의 본체를 공격하시려고 **죽음 그 자체를 사용**하셨다.

죽음은 사탄의 흉기이다. 우리는 죄 때문에 하나님으로부터 떨어져나갔고, 그 죄의 결정적 무기인 죽음은 우리의 심장을 날카롭게 찔렀다. 하지만 하나님께서는 자기 백성을 구원하시려 할 때, 마치 다윗이 골리앗의 칼로 골리앗의 목을 베었듯이 '죽음으로 죽음을 죽이심으로' 자기 백성을 구원하시기를 기뻐하셨다.

이 복음이 무엇인가! 그렇다! 주님께서는 죽음으로 인해 멸

---

12 칼 바르트, 『로마서 강해』, 조남홍 옮김 (서울: 한들출판사, 1997), 277.

망해버린 우리를 구원하시기 위하여 '자신의 죽음'을 그 생명의 도구로 삼으셨다. 아무도 생각지 못했던 비밀! 사탄도 알 수 없었던 신비! 바로 이것으로 우리 인생들을 구원하시기를 기뻐하셨다.

그래서 바르트는 저 죽음의 빈 자리에 부활이 들어찬 신자는 결코 죄를 범할 수 없다고 못박는다. 죄의 결과물로서의 죽음은 죽었으며, 이제 그 자리에 부활이 역사하기 때문이다. 새로운 신적 삶을 채운 신자는 부활 가운데 살기 때문에, 죽음은 더 이상 역사하지 못한다.

> … 그리스도 안에 있는 우리의 존재 가운데 아담 안에 있는 우리 존재의 지양(止揚)이 증명되고 확증된다. 죽음이라고 하는 개념에 의하여 사선(死線)의 차안(此岸)에 있는 모든 삶에 대해 특색이 주어지고 확보된 절대적인 독특성과 자율적인 자기 고유의 소여성 가운데 존재하는 바로 이 부활의 능력, 그리스도 죽음을 통해 이루어진 저 공동(空洞)을 채우는 새로운 신적 삶의 내용으로서의 부활 능력은 죄 가운데 계속 산다고 하는 것을 저지할 뿐만 아니라 절대적으로 불가능하게 만드는 일차 지점이다.[13]

아마 하이델베르크 교리문답을 처음 배우는 사람에게 가장

---

13   칼 바르트, 『로마서 강해』, 279.

압도적인 문답 중 하나를 꼽으라고 한다면 16주일의 42문답이 그중 하나가 될 것인데, 여기에서 교리문답은 이렇게 묻고 대답한다.

> 42문: 그리스도께서 우리를 위해 죽으셨는데 우리도 왜 여전히 죽어야 합니까?

> 답: 우리의 죽음은 자기 죗값을 치르는 것이 아니며, 단지 죄 짓는 것을 그치고 영생에 들어가는 것입니다.

'죽음'은 좋지 않다. '죽음'은 좋을 수 없다. 우리는 죽음을 두려워하며, 죽음은 우리를 삼킨다. 그런데 그리스도께서는 바로 그 죽음을 '통하여' 우리를 구원하셨다. 그러므로 교리문답이 고백하듯이 그의 뒤를 따른 믿음의 사람들에게는 더 이상 죽음은 '죄의 결과물'이 아니다. 겉으로 볼 때 똑같아 보이는 죽음의 관문이, 이제 그리스도로 인해 변화되고 난 후에는 '영생에 들어가는 관문'이 된 것이다!

거룩이 필요한 나실인에게 시체는 단지 '피해야 할 것'이었다. 거룩한 나실인이었던 삼손에게도 역시 이것은 마찬가지였다. 하지만 시체에 고여 있던 꿀, 이 그림은 넌지시 무언가를 보여주고 있는 것은 아닌가? 도피성이 참으로 극복된다면, 죽음은 더 이상 기능할 수 없음이 아닌가?

구약의 제사장과 나실인에게조차도 시체는 단지 시체일 뿐이었다. 그들에게 시체는 피해야 할 거룩의 방해요소일 뿐이었다. 하지만 죽은 지 사흘 후에, 부활하신 그리스도는 **시체를 거룩하게 만드실 수 있는 분**이시다. 죽음조차 그분께는 완전히 효력적이지 못하다. 넘치는 생명이신 그분께는 죽음조차 완전히 절대적이지 못하다. 그분은 죽음을 극복하시며, 심지어 죽음을 바꾸어 영생의 복으로 사용하실 수 있는 분이시기 때문이다.

> 만일 땅에 있는 우리의 장막 집이 무너지면 하나님께서 지으신 집 곧 손으로 지은 것이 아니요 하늘에 있는 영원한 집이 우리에게 있는 줄 아느니라 … 참으로 이 장막에 있는 우리가 짐진 것 같이 탄식하는 것은 벗고자 함이 아니요 오직 덧입고자 함이니 **죽을 것이 생명에 삼킨 바 되게** 하려 함이라 (고후 5:1, 4)

율법이 가리키는 나실인

- 불임, 하나님의 능력이 나타난 자
- 포도주, 하나님의 잔치를 준비하는 자
- 머리카락, 하나님의 영광을 드러내는 자
- 죽음의 죽음, 하나님의 생명을 가져오는 자

NAZIRITE

NAZIRITE

5장. 진정한 나실인 그리스도

(1) 대적의 성문을 정복한 자

네덜란드 개혁교회의 유명한 구속사적 설교의 고전 중 하나인 판 피어(Van't Veer)의 *My God is Yahweh*에는 하나님께서 엘리야를 사르밧의 과부를 통해 공궤받게 하시는 장면을 이렇게 평가한다.

> 역사의 그 지점에서 페니키아 왕국은 다른 어떤 곳보다 사탄의 도구였다. … 그런데 주께서는 그분의 종을 사렙다로 보내셨다. 주께서는 자신의 권능의 손을 이 세계 권력 위에, 곧 그분께 대한 반대가 가장 극렬한 형태를 띤

곳을 선택하셨다. 그분은 자신의 선지자를 적의 성채의 심장부에, 대적의 본거지에 살게 하셨다. '오! 하나님의 지혜와 지식의 부요함이여!' … 우리는 여기서 떠올리게 된다. 대적의 허망한 수고를 향한 주의 조소를! 주와 그분의 기름 부음 받은 자를 대항하여 공모하는 땅의 통치자들을 향한 야웨의 비웃음을! (시 2편)[1]

엘리야가 가서 공궤를 받았던 과부가 살았던 사르밧은 "시돈에 속한 사르밧"(왕상 17:9)이었다. 시돈은 열왕기상 16장 31절에도 나온다. "시돈 사람의 왕 엣바알의 딸 이세벨을 아내로 삼고", 곧 아합 왕의 부인이었던 악녀 이세벨의 고향이며, 이세벨의 아버지가 '엣바알'(에트-바알, 바알과 함께)이라고 불린 것을 통해 충분히 알 수 있듯이 바알신을 섬기는 본거지였다.

하나님께서는 하나님의 교회가 하나님의 말씀, 하나님의 계시의 전달자인 선지자를 멸시하자 이 선지자를 교회로부터 숨겨버리신다. 그런데 그 숨기신 곳이 바로 '적의 심장부'였던, 곧 하나님의 교회가 이토록 이방신으로 말미암아 초토화되는 데 가장 강력한 영향력을 행사했던 이세벨의 본거지였던 시돈이었다.

하나님은 교회의 불신앙에도 조롱받지 않으신다. 하나님은

---

1 M. B. Van't Veer, *My God is Yahweh* (Canada: Paideia press, 1981), 94.

사탄에게 조롱받지 않으신다. 하나님은 오히려 사탄을 조롱하신다. 사탄이 자신의 하수인으로 보냈던 이의 본거지에 작은 여인 하나를 세우셔서 그 여인으로 하나님의 선지자를 섬기게 하심으로써, 바로 그 적국의 심장부를 복음의 근거지로 만들어 버리신다. 교회가 선지자를 포기했지만, 하나님은 교회를 그렇게 만들었던 대적의 심장부에 하나님의 말씀인 선지자를 심으셨다. 그렇게 함으로써 시편 2편의 그 조소! 곧 "어찌하여 이방 나라들이 분노하며 민족들이 헛된 일을 꾸미는가! … 하늘에 계신 이가 웃으심이여 주께서 그들을 비웃으시리로다"라는 모든 시대에 울려 퍼지는 하나님의 큰 비웃음소리가 외쳐지게 하셨다.

가사에서의 삼손

삼손이 가사에 갔을 때, 가사 사람들은 삼손을 죽이기 위해 계략을 세운다. 밤새도록 성문에 매복한 그들은 날이 샐 때까지 숨을 죽이며[하라쉬(חָרַשׁ), 침묵하다] 시각을 도모한다. 그들이 결정한 것은 "새벽이 되거든 그를 죽이리라!"는 것이었다. 새벽! 히브리어로는 '아침'과 '빛'이 합쳐진 말인데, '태양'이라는 뜻을 가진 삼손을 태양이 떠오를 때에 죽이겠다는 블레셋 사람들의 설정은 사실은 아둔한 것이다.

심지어 성경에서 새벽은 하나님께서 도우시는 시각이다.[2] 새벽에 하나님이 도우시는 이유는 새벽이 특별한 영기가 흐르는 영험한 시각이어서가 아니라 여호와께서는 "졸지도 주무시지도 아니하시는 분"(시 121:4)이시지만 우리는 잠들어 있는 시간이기 때문이다. 그래서 하나님께서는 열왕기하 19장 같은 곳에서 '사람이 일을 시행할 수 없을 때', 곧 이 자고 조는 한밤중의 시간에 "앗수르의 군대 십팔만 오천을"(왕하 19:35) 궤멸하신다. 새벽이라는 시간대는 '우리의 약함'과, '여호와의 약하지 않으심'이 비교되는 시간대이다. 하나님은 인생이 모든 방비의 끈을 놓은 순간조차도 강하시다.

"새벽이 되거든 그를 죽이리라"라고 도모했던 블레셋 사람들의 기대와는 전혀 다르게, 삼손은 "밤중까지 누웠다가" 일어나 성 문짝들과 두 문설주와 문빗장을 빼어 그것을 모두 어깨에 메고 헤브론 앞산 꼭대기로 간다(삿 16:3).

가사는 블레셋의 가장 강한 다섯 성읍 중 하나였다. 오늘날 우리로 치자면 특별시 또는 광역시와 같은 위상의 도시였다. 이런 성읍의 성 문짝과 그 성문을 지탱하기 위한 설주, 문을 틀어막는 빗장은 작지 않았을 것이다. 그런데 이 전부를 한 사람이 짊

---

2 시 46:5 - 하나님이 그 성중에 계시매 성이 흔들리지 아니할 것이라
   새벽에 하나님이 도우시리로다

어질 수 있다는 것도 기이한데, 왜 삼손은 그것을 지고 가는가?

가사에서 헤브론 앞산 꼭대기까지의 거리는 약 60킬로미터 이상의 거리이다. 심지어 이 길은 쉼 없이 계속되는 언덕길로, 상상할 수 없을 정도의 무게의 성문과 기둥, 빗장들을 짊어진 채, 삼손은 이 먼 거리를 걸어가 이것들을 헤브론 앞산 꼭대기에 세워 놓는다. 왜 그렇게 했을까?

삼손이 성문을 옮겨 놓은 곳은 우리말로 "헤브론 앞산 꼭대기"라고 되어 있는데, 히브리어로 보면 이 말은 '프네이 헤브론(פְּנֵי הֶבְרוֹן)', 곧 헤브론의 얼굴, 헤브론의 면전에 있는 산의 꼭대기였다. 헤브론은 다윗이 왕으로 등극했던 장소였으며(삼하 5:3), 실로의 성막이 파괴되고 솔로몬의 성전이 세워지기 전, 다윗이 수도를 예루살렘으로 옮기기 전, 이스라엘의 예배 중심지였다. 그렇다! 삼손은 여호와의 용사인 그를 죽이려는 대적들을 대항하여 그들의 성문을 쟁취하여 헤브론의 면전, 곧 **하나님의 얼굴 앞에** 가져다 놓은 것이다!

성문, 여리고!

성경에서 성문은 중요한 의미가 있다. 성경 시대의 성문은 사회적·행정적·사업적 교섭과 종교적 행사가 이루어지는 곳이었다. 사람들이 흔히 모이는 곳이었고(창 23:10; 잠 8:3; 렘 14:2; 렘

22:2), 공무가 집행되는 장소였다(창 23:10; 왕상 22:10; 창34:20). 신명기에도 여러 차례 성문에서 법정, 곧 재판을 위한 모임이 열렸다고 언급되었다(신 21:19; 22:15; 25:7 등). 사람들이 많이 모이는 곳이었으므로 하나님의 말씀이 선포되는 곳이기도 했고 (느 8:1-18; 렘 17:19-20), 축제나 시장이 열리는 곳(시 24:7; 왕하 7:1)이기도 했다.

즉 성경 시대의 성문은 오늘날로 치자면 시장이기도 하고 관공서이기도 했으며, 주민 회집 장소이기도 하면서, 동시에 재판과 같은 공적인 일이 모두 처리되는 복합적인 역할을 하는 곳이었다. 따라서 성문은 한 도시 전체의 힘을 상징하는 집약적인 곳이었다. 따라서 성경은 성문을 이런 방식으로 사용한다.

> 내가 네게 큰 복을 주고 네 씨가 크게 번성하여 하늘의 별과 같고 바닷가의 모래와 같게 하리니 **네 씨가 그 대적의 성문을 차지하리라** (창 22:17)

성문을 차지하는 것은 그 성의 권세를 장악하는 것이다.

이스라엘이 가나안을 차지하기 위해 그 땅의 초입에 들어섰을 때, 신앙 고백적인 여러 가지 일이 복합적으로 일어난다.

예를 들어 이들은 할례를 받는다. 할례는 요단강 저편에서 행해지지 않고, 요단강을 건넌 후, 곧 가나안 땅에 진입해서 행해진다. 할례는 전쟁의 입장에서 말하자면 '스스로 전투력을 없애는 행위'이다. 건장한 남성이라 해도 포경 수술을 받은 후 전투에 임할 수는 없다. 그렇다면 적이 득실대는 험지에 진입하여 할례를 받는다는 것은 자살행위이다. 하지만 여호수아에 보면 이스라엘은 요단강을 건넌 후에 적이 코앞에 있는 곳에서 할례를 받는다. 그러므로 이것은 전쟁이 사람의 힘에 달려 있지 않으며, 적들이 하나님의 약점을 뚫고 공격할 수 없다는 것을 믿고 고백하는 것이다.

더불어 그들은 여리고를 만난다. 여리고는 무시무시하고 단단한 성이었다. 하지만 하나님은 여리고를 '칼과 창으로', 즉 '무기와 인간의 힘으로' 제압하지 않으시고, 사람들이 보기에 허무맹랑한 방식으로 점령하도록 하셨다. 성을 칠일에 걸쳐 돌고 소리를 지르는 방법, 무슨 말도 되지 않는 방법으로 여리고를 점령하도록 하셨다.

왜 그렇게 하셨을까? 곧이어 벌어지는 아이성 전투에서는 동일한 방법을 명하시지 않는다. 아니 이후 어떤 전투에서도 여리고처럼 그렇게 싸우라고 명령하신 곳은 없다. 그러면 왜 하필 여리고에서만 그렇게 명령하셨을까? 그것은 여리고가 '첫 성읍', 곧 대적들의 땅인 가나안의 '문간에 있는 성읍', 곧 '성문'이었기 때문이다. 여리고를 통해 하나님은 '성문은 여호와가 무너뜨린다'라는 사실을 보여주신다. 고대 성읍의 모든 힘의 집약체인 성문! 그 성읍 전체의 힘의 상징인 성문! 이 성문은 하나님께서 친히 파괴하신다. 뒤의 전투들은 이스라엘 백성들이 친히 수행하게 되는데, 그것은 '시작은 여호와, 뒷일은 사람'이기 때문이 아니라, 시작을 여호와께서 행하시는 것을 통해 "모든 전쟁이 여호와께 달려 있음을"(삼상 17:47) 백성들에게 알게 하셨기 때문이다.

여리고에 이런 특성이 있었기 때문에, 여리고는 '구별된 성'이었다. 하나님은 여리고를 점령하신 후에 '아무 물건도 취하지 못하게' 하셨고,[3] 여리고가 무너지고 난 후에는 다시 재건하지 못하게 하셨다.

> 여호수아가 그 때에 맹세하게 하여 이르되 누구든지 일어나서 이 여리고 성을 건축하는 자는 여호와 앞에서 저주를 받을 것이라 그 기초를 쌓을 때에 **그의 맏아들을 잃을 것이요** 그 문을 세울 때에 **그의 막내 아들을 잃으리라** 하였더라 (수 6:26)

이 저주 때문에 이스라엘의 어떤 악한 왕들도 아무도 여리고를 재건하지 않았다. 단 한 사람, 아합이 그것을 행하기 전까지는 말이다.

---

3 이를 어겼기 때문에 아간은 멸망당한다. 하나님의 특별한 소유를 침입했기 때문이다. 수 6:18 - 바친 것을 취한 사람은 자기가 바친 바된다.

> 그 시대에 벧엘 사람 히엘이 여리고를 건축하였는데 그
> 가 그 터를 쌓을 때에 **맏아들 아비람을 잃었고** 그 성문
> 을 세울 때에 **막내 아들 스굽을 잃었으니** 여호와께서 눈
> 의 아들 여호수아를 통하여 하신 말씀과 같이 되었더라
> (왕상 16:34)

이스라엘은 여리고가 무너져 있을 때 하나님께서 지키신다. 제아무리 가나안 땅의 성문이 되는 성이 여리고라고 할지라도, 이방이 그것을 '성을 쌓고 벽을 세워' 인간의 힘으로 막아보려 하는 것과는 달리, 여리고는 무너져 있을 때, 곧 여호와의 말씀에 순종하고 있을 때 하나님께서 지키신다.

사람은 자기의 힘에 자신의 보존이 달려있다고 생각한다. 하지만 하나님의 손이 지키시는 것이 가장 강하다. 그래서 신실한 왕들 중 누구도 여리고를 재건하려 하지 않았으며, 심지어 악한 왕들조차도 감히 그렇게 하지 않았다. 하지만 인생의 힘만을 의지하던 오므리와 아합에게는 하나님의 보호하심이 얼마나 터무니 없었겠는가! 금싸라기 땅을 폐허로 유지시키는 일은 인생의 눈에는 어리석은 것이었다.

음부의 문이 이기지 못하리라

삼손은 가사의 성문을 빼어 짊어지고 간다. 고독한 구원자 삼손이 이 무거운 것들을 짊어지고 가는 이유는 단 하나, 여호

와의 구원자가 '대적의 문'을 쟁취하였다는 것을 보여주기 위해서다. 삼손은 문을 단지 부수는 것을 넘어 '헤브론', 곧 하나님께서 계신 곳, 그분의 면전에 갖다 놓는다. 대적이 제아무리 강할지라도, 또한 하나님의 백성들이 아무리 허약하여 이방의 권세에 실질적으로 굴복하여 있어서 그들의 구원자가 '환영받지 못하는 구원자'가 되었다고 할지라도, 하나님은 사탄의 조롱에 조롱당하지 않으신다. 오히려 하나님이 사탄을 조롱하신다. 삼손은 대적의 성문을 빼앗는 일을 통하여 모든 시대에 이것을 외치고 있는 것이다.

그리고 먼 옛날, 아브라함의 때에 약속되었던 그 예언! 곧 "네 씨가 그 대적의 성문을 차지하리라"는 말씀을 두 번째 삼손이신 그리스도께서 이루신다. 우리 주님은 '자신이 주인이 되실 교회'를 다음과 같이 설명하셨기 때문이다.

> 또 내가 네게 이르노니 너는 베드로라 내가 이 반석 위
> 에 내 교회를 세우리니 음부의 권세가 이기지 못하리라
> (마 16:18)

번역이 성경의 이해를 가로막는 때가 종종 있는데, 이런 구절에서이다. "음부의 권세"라고 번역했다. 그러나 이 단어의 문자적 번역은 "음부의 문[퓔레(πύλη)]"이다. 음부의 문이 강하나 이기지 못한다. 무엇을? "내가 이 반석 위에 내 교회를 세우리

니", "내가" 세운 "내" 교회이다. 주님께서 세우신 주님의 교회이다. 음부의 문은 이기지 못한다. 성문을 뽑으신 두 번째 삼손, 예수 그리스도 앞에서 대적의 성문은 괴멸된다.

예수님은 어떤 권능으로 대적의 성문을 치시는가? 예수님이 베드로에게 이 말씀을 하시는 정황을 보면, 놀라운 점을 한 가지 발견할 수 있다.

> 또 내가 네게 이르노니 너는 베드로라 내가 이 반석 위에 내 교회를 세우리니 음부의 권세가 이기지 못하리라 내가 천국 열쇠를 네게 주리니 네가 땅에서 무엇이든지 매면 하늘에서도 매일 것이요 네가 땅에서 무엇이든지 풀면 하늘에서도 풀리리라 하시고 이에 제자들에게 경고하사 자기가 그리스도인 것을 아무에게도 이르지 말라 하시니라 **이 때로부터** 예수 그리스도께서 자기가 예루살렘에 올라가 장로들과 대제사장들과 서기관들에게 많은 고난을 받고 죽임을 당하고 제 삼일에 살아나야 할 것을 제자들에게 비로소 나타내시니 (마 16:18-21)

마태복음은 주님이 "음부의 권세를 이기리라"라는 말씀을 하시고, "내가 이 대적의 문을 칠 수 있는 교회를 세우겠다, 그리고 이 권능을 너에게 주겠다"라고 베드로에게 말씀하신 후에 비로소 그분의 고난과 죽음을 말씀하시기 시작하셨다고 말한다.

다윗이 고백했듯이 원수들은 "칼과 창과 단창으로"(삼상 17:45) 나아온다. 그리고 이 원수들의 동맹체인 집단적 세상은 언제나 주의 백성들에게 동일한 것을 요구한다. "너희도 세상에 속해 있어!", "너희도 밥을 먹고 사는 인생이야!", "너희에게도 동일한 욕구가 있지 않느냐!" 그렇게 말하면서 우리들의 전쟁 역시 "칼과 창과 단창으로" 하는 것이라고 우리들을 설복하려 한다.

하지만 주님은 "죽기를 무서워하므로 한평생 매여 종노릇하는 모든 자들을 놓아주시기 위해"(히 2:15) "사망으로 세력을 잡은 자 마귀를 없이 하실 때"(14절), 우리와 "혈육에 함께 속하시는 일을 통하여"(14절) 그렇게 하셨다. 주께서 대적의 머리를 깨뜨리신 방법은(창 3:15) 제자들이 흔히 기대했듯이 '왕좌에 앉으시는 일'을 통해서가 아니라 가장 낮아지시는 방식을 통해서였다. 주님이 이기시는 방법은 패배하는 것을 통해서였다. 영광은 십자가를 통해서 온다. 영광은 수욕을 거쳐 온다.

참된 나실인이신 그리스도, 두 번째 삼손이신 그리스도는 대적의 성문을 취하신다. 음부의 권세를 꼼짝 못하게 하신다. 그런데 권력을 통해서가 아니다. 십자가를 통하여! 죽음을 통하여! 낮아지고 천대 받으시는 일을 통하여 그렇게 하신다. 지존자이신 여호와 하나님께서는 사탄이 깜짝 놀랄만한 위대한 일을 행하시지만, 그 방법조차 사탄이 깜짝 놀랄만한 방법이다. 성문을 빼앗으시나 굴욕당하는 방법이다.

그분께서는 홍해 앞에 서서 주변을 둘러보았지만 어느누구도, 세상의 어떤 시민도 당신과 함께 하지 않고 있음을 보셨습니다. 이스라엘은 흩어졌습니다. 그 밤은 어두웠습니다. 아! 백성들이 눈에 보이지 않는다면 바다의 물결을 가르고 나아가는 것이 얼마나 어려운 것일까! 하지만 그분은 아무도 없이 고립되어 계셨음에도 홍해에 들어가셨습니다. 그분만큼 외로우셨던 분이 아무도 없었습니다. 왕국의 율법이 그렇게 성취되어야 했습니다. 모든 세상에 다른 대안은 전혀 없었습니다.

하지만, 나의 영혼이 어느 날 모세와 어린양의 노래(계 15장)를 부르게 된다면, 그 어린 양은 모세보다는 나에게 더욱 중요할 것입니다. 그리고 그것 또한 왕국의 율법에 일치할 것입니다. 그분의 고립 당하심에 나의 모든 힘이 포함되어 있습니다. 오래지 않아서 나는 큰 무리 가운데 한 명으로써 그분을 찬양할 것입니다. 그 무리는 그분으로부터 도망을 쳤던 모두를 불러 모으신 무리일 것입니다.[4]

십자가 신학: 교회의 무기

요한계시록 12장에 의하면 아이가 태어나면 삼키려고 했던 (4절) 붉은 용, 곧 "옛 뱀 곧 마귀라고도 하고 사탄이라고도 하며 온 천하를 꾀는 자"(9절)는 아이, 곧 "철장으로 만국을 다스릴 남자"(5절)가 태어나버리자 싸움의 대상을 바꾼다. 이 장의 마지

4　클라스 스킬더, 『수난 당하시는 그리스도』, 손성은 옮김 (안산: 크리스천 르네상스, 2020), 646.

막 절은 용이 싸움의 마지막을 위하여 전열을 재정비하는 장면을 그리고 있는데, 이때 그의 대상은 "그 여자의 남은 자손, 곧 하나님의 계명을 지키며 예수의 증거를 가진 자들"(17절), 곧 교회이다. 용은 이제 교회를 죽이기 위해 바닷가 모래 위에 서 있다(17절).

인류 역사 전체가 사탄의 입장에서는 그리스도의 출생을 막기 위한 치열한 분투였다면, 그리스도께서 이 땅에 오시고 난 후의 세계는 "그 여자의 남은 자손", 곧 "하나님의 계명을 지키며 예수의 증거를 가진 자들"과의 전쟁이다. 사탄은 여자의 궁극적 후손이었던 그리스도를 막으려고 출애굽의 시대에 바로를 통하여, 아합의 시대에 이세벨을 통하여, 에스더의 시대에 하만을 통하여 싸웠던 것을 이제는 그분의 후손들과 하려 할 것이다. 바로 이때 그리스도께서는 그 권력의 열쇠, 성문의 정복을 그분의 제자들에게 주신다.

> 내가 이 반석 위에 내 교회를 세우리니 음부의 권세가 이기지 못하리라 내가 천국 열쇠를 네게 주리니 …

음부의 문은 이기지 못할 것이다. 그리고 천국의 문을 열고 닫는 권세가 교회에게 주어진다. 그렇다면 교회는 무엇을 통해 이 옛 뱀으로부터 승리할 것인가? 예수 그리스도께서 십자가를 지심으로, 가장 낮아지는 방법을 통하여 대적의 문을 부수셨는데, 우리는 세상의 칼과 창과 단창으로 그분의 교회를 유지할 것인가? 고린도후서는 우리에게 알려준다.

> 우리의 싸우는 무기는 육신에 속한 것이 아니요 오직 어떤 견고한 진도 무너뜨리는 하나님의 능력이라 모든 이론을 무너뜨리며 하나님 아는 것을 대적하여 높아진 것을 다 무너뜨리고 모든 생각을 사로잡아 그리스도에게 복종하게 하니 (고후 10:4-5)

믿음이란 무엇인가? 믿음은 "견고한 진을 무너뜨리는 능력"이다. 그러나 어떤 종류의 능력인가? 물리적 성벽을 무너뜨리는 공성퇴가 우리의 무기인가? 적진을 돌파하는 실제 창검과 기마부대인가? 우리의 싸우는 무기는 육신에 속한 것이 아니다. 우리는 십자가로 싸운다.

사사 시대만 고통의 시대가 아니다. 우리 또한 고통의 시대를 살아가고 있다. 여기에서도 저기에서도 믿음을 찾아볼 수 없다. 하지만 하나님께서는 이 역사의 어느 시점에서든, 항상 그리스도를 통하여 승리하셨다. 가장 어둡고 가장 암울하던 사사들의 시대에 두 나실인을 통하여 구원을 베푸셨던 하나님께서 이 모든 시대의 마지막에 아들을 통하여(히 1:2) 이 구원을 이루셨다. 그분은 지금도 역사하고 계신다.

그분은 대적의 성문을 십자가로 부수셨다. 삼손이 하나님의 얼굴 앞에 세웠던 대적의 성문은 이제 십자가를 지신 그분에 의해 영원히 얻게 되어 하늘에 계신 하나님의 보좌에 계신 분의 얼굴 앞에 전시되었다. 그리고 이 성문을 자신의 교회에 약속하시면서 우리들에게도 싸울 것을 독려하신다. 교회는 오직 이것을 통해 승리한다. 육체를 신뢰하지 않고, 십자가의 낮아짐으로 승리하는 것! 그것이 바로 성문을 얻은 분의 후예인 우리들이 견고한 진을 파하는 방식이다!

(2) 참 빛을 비추는 자

루터는 시편 주석의 서문에서 이렇게 말했다.

> 여러 해를 두고 상당수의 성자들의 전설과 순교자 열전, 그리고 예화집들과 역사책들이 회람되어 왔다. … 하지만 나는 이 세상에서 시편보다 더 좋은 예화집이나 성자들의 전설집이 나왔을 리도 없고 또한 나올 수도 없다고 생각한다. 만일 어떤 사람이 모든 예화집들과 전설들과 역사들 중에서 가장 좋은 것들을 수집 편찬하여 최선의 형태를 만들기를 원한다 하더라도 그 결과는 현재의 시편이 될 수 없으리라. 그 이유는 우리가 여기서 … 모든 성자들의 우두머리이신 바로 그 분이 행하신 일을 발견하기 때문이다. … 시편은 그리스도의 죽음과 부활을 아주 명확

히 약속하고 있고, 또한 그의 왕국과 모든 기독교인들의 조건과 성격을 묘사해 주고 있어서 족히 작은 성서라고 불릴 만하다.[5]

하지만 시편 뿐일까? 나와 신학대학원에서 비슷한 시기에 공부했고 지금은 벨기에에서 목회하고 있는 한 동료 목사님이 학창 시절 내가 속했던 성경신학회에 특강을 와서 "구약의 모든 페이지가 단 한 줄의 예외도 없이 그리스도를 그리고 있다"라고 말했을 때 받았던 충격을 기억한다. 그렇다. 구약은 모두 그리스도를 보여주고 있다.

두 번째 사무엘

누가복음은 의도적으로 오시는 예수 그리스도께서 '두 번째 사무엘'이심을 보여주는 방식으로 쓰여 있다.

1) 누가복음 2장 52절은 "예수는 지혜와 키가 자라가며 하나님과 사람에게 더욱 사랑스러워 가시더라"라고 했다. 이는 매우 명시적인 구약의 인용이다. 사무엘서는 사무엘의 성장 과정을

---

5 마르틴 루터, 『루터선집 제2권: 루터와 구약 II』, 지원용 편 (서울: 컨 콜디아사, 1983), 29-30.

이렇게 말한다.

> 아이 사무엘이 점점 자라매 여호와와 사람들에게 은총을
> 더욱 받더라 (삼상 2:26)

예수께서 자라시면서 양편, 곧 '하나님'과 '사람'에게 더욱 사
랑스러워 가셨더라는 것은 단순히 예수님의 어떠하심만을 말
하는 데 목적이 있지 않다. 이 구절은 예수님께서 **'사무엘 같았
다'**라고 말하려는 데에 목적이 있다. 물론 하나님이신 그분이
원본이고 사무엘이 복제본이지만 우리는 시간의 한계에 갇혀
있기 때문에 시간상 먼저인 사무엘을 그분께서 따르신 것처럼
보게 된다. 그러나 어떤 시간의 한계 속에서도 예수님이 주(主)
이시다.

2) 마리아의 기도는 사무엘의 어머니 한나의 기도의 반복이다.
누가복음 1장과 사무엘상 2장을 비교해 보면, 아이를 임신한 어
머니의 기도라기보다는 패역한 이스라엘의 원인과 결과, 곧 '신
앙이 무엇인가'와 동시에 '하나님이 참으로 주이시다'라는 데 대
한 고백이다.

한나와 마리아의 기도가 모두 '높은 자를 거꾸러뜨리시고',
'낮은 자를 높이시는 하나님'이 주제인 이유는, 만상의 대 주재
자이신 분께서 참으로 모든 세계, 특히 언약백성의 왕이시기 때

문이다. 즉 같은 사사 시대를 살던 한나와 마리아에게 그 왕이
없던 시대의 진정한 왕이신 분은 오직 하나님이심을, 그리고 그
녀들의 잉태가 바로 이 왕의 출생임을 만천하에 선포하는 데에
목적이 있었던 것이다.

눅 1:51-53	삼상 2:4-7
마음의 생각이 교만한 자들을 흩으셨다.	용사의 활은 꺾이고 넘어지는 자는 힘을 얻는다.
권세 있는 자들을 내리치신다.	풍족하던 자는 양식을 얻으러 다닌다.
반면, 비천한 자들을 높이신다.	반면, 주리는 자들은 다시 주리지 않게 될 것이다.
주리는 자들은 좋은 것으로 배불리신다.	잉태하지 못하던 자들은 일곱을 낳는다.
반면, 부자는 빈손으로 보내신다.	반면, 많은 자녀를 둔 자들은 쇠약하게 된다.
	여호와는 죽이기도 하시고 살리기도 하시며, 가난하게도 하시고 부하게도 하시고, 높이기도 하시고 낮추기도 하신다.

태어날 사무엘은 사사 시대, 곧 고통의 시대를 돌이킬 아기
이다. 그리스도도 전적으로 그러하다. 용사는 약해지고 약자는

강해진다. 부자는 가난해지고 빈자는 힘을 얻는다. 자녀가 많던 이들은 쇠약하게 되고 잉태치 못한 자는 일곱을 낳는다. 그 이유는 무엇인가? "여호와가 죽이기도 하시고 살리기도 하시며 가난하게도 하시고 부하게도 하시고 높이기도 하시고 낮추기도 하시기 때문"이다.

이 노래는 곧 **'왕권의 노래'**이다. 한나는 사사 시대의 종식을 위해 이 노래를 부른다. 그리고 시간이 많이 흐른 뒤에 둘째 사무엘이면서 참 사무엘이신 분께서 오신다. 그래서 마리아는 한나의 노래를 다시 부른다. '왕을 세운 사무엘'을 능가하는 '스스로 왕이신 분'께서 오실 것이기 때문이다.

3) 한나도 마리아도 불임이었다(4장을 참조하라). 두 여인의 잉태와 출생은 생명이 도태되어 버린 이 인류의 바짝 마른 황폐 위에, 다시금 꽃이 핌을 보여주는 하나님의 생명의 능력이다. 인생은 스스로 생명을 창출해낼 수 없기 때문에 반드시 불임이다. 그러나 인생은 거짓말을 하며 아무런 의미 없는 삶에 의미 있다고 환각제를 주사한다. 교회는 이러한 거짓 목적들만 가득한 삶에는 아무런 생명이 없다는 것을 생식기를 자르는 일을 통해서 세상에 공표하는 이들이다. 오직 하나님의 백성들이 불임의 고백을 통해 하나님 나라에 들어온다.

한나는 옛 여인으로서 마리아는 새 여인으로서 교회의 이러한 고백을 보여주는 사람이다. 그러나 사무엘은 불임을 뚫은 아기 정도였다면 그리스도께서는 동정녀에게도 생명을 주실 수 있는 분이시다. 그리스도는 참으로 두 번째 사무엘이셨지만 '더 나은 사무엘'이셨다.

4) 아기 예수님이 태어나 성전에 결례를 위하여 들어갔을 때, 누가복음은 한 여자가 이 아기를 기다리고 있다고 말한다. 이 여자는 이렇게 묘사된다.

아셀 지파, 바누엘의 딸 안나, 선지자

결혼 뒤 7년 동안 남편과 살다가 과부된 지 84년 된 여자

아기 예수님을 성전에서 맞은 '안나'는 누구인가? 성경의 등장인물을 그저 연극에서 '나무3'과 같은 소품으로만 여기면 성경이 의도한 것은 읽을 수 없게 된다. 예수께서 성전에 처음 올라가셨을 때 그분을 맞은 여인은 예수님이 새 사무엘이심을 보여주기 위한 중요한 조연이다.

첫째, '안나'는 히브리식 이름 '한나'의 헬라어 표기이다. 즉, 성전에서 아기 예수님을 맞은 여인은 사무엘의 어머니를 연상시키는 '한나'였다. 둘째, 이 여자는 바로 그 앞에 나오는 시므온과 함께 '이스라엘의 회복을 바라는 자'이다. 시므온은 명시적으

로 표현된다. "의롭고 경건하여 이스라엘의 위로를 기다리는 자"(눅 2:25), 안나는 마찬가지로 "예루살렘의 속량을 바라는 모든 사람"(눅 2:38)이다. 시므온도 안나도 사사 시대의 회복을 기대하는 사람이다. 셋째, 수수께끼처럼 보이더라도 그녀의 삶의 연수는 예수님의 족보처럼 숫자를 통해 보여주는 이스라엘의 역사이다.[6]

그녀는 7년을 남편과 살았다. 그리고 과부로 84년을 살았다. 84는 7x12의 기간이다. 성경에서는 수를 종종 이렇게 사용한다. 예를 들면 안식년이 7년째인데, 희년은 7x7년의 기간이다, 곧 안식의 안식이다. 구약 지파는 열둘이었다. 그래서 주님은 제자를 열두 명 뽑으신다(열두 제자는 새 열두 지파). 이런 연유로, 계시록에 보면 하나님의 보좌 양편에 앉아 있는 인간의 대표자들인 장로들은 24명이다. 구약의 열둘과 신약의 열둘을 합친 수이다.

그래서 안나의 삶은 이스라엘의 현재를 보여주는 일종의 시각 이미지이다. 이스라엘은 짧은 7년의 기간 동안 남편 하나님과 살았다. 언약 안에 있었던 기간은 짧았다. 하지만 7x12의 기간, 즉 이스라엘의 열 두 지파 모두를 상징하는 열둘의 기간을

---

6 14대씩 세 구분은 7x6의 시대를 보여준다. 예수님은 희년의 시기, 곧 7x7의 시대에 오셨다.

곱한 만큼의 기간 동안 과부인 채로 남아 있다. 안나는 그야말
로 성전에서 이스라엘의 괴로움을 희망으로 바꾸어 줄 것을 바
라며 사는 언약 백성 중의 남은 자이다.

> 마침 이 때에 나아와서 하나님께 감사하고 예루살렘의 속
> 량을 바라는 모든 사람에게 그에 대하여 말하니라 (38절)

5) 그리고 아기 예수님은 성전에 계신다. 누가복음 2장 41절 이
하를 보면 예수님은 열두 살이 되셨을 때 육적 부모였던 마리
아, 요셉과 함께 유월절에 예루살렘 성전을 방문한다. 절기를
마친 후에 집으로 돌아가던 중 마리아와 요셉은 예수님과 함께
오지 않았다는 사실을 깨닫고 허겁지겁 예수님을 찾으러 길을
되짚어 올라간다. 44절에 보면 하룻길을 갔다고 되어 있는데,
46절을 보면 예루살렘에 도착한 것은 사흘이 지난 후였다. 오던
길을 샅샅이 뒤지면서 갔기 때문에 사흘이나 걸렸을 것이다.
　이렇게 예루살렘에 도착했을 때 이들이 예수님을 발견한 곳
은 '성전'이었다. 마리아와 요셉이 예수님을 찾았을 때 예수님은
랍비들과 문답 중이었다. 이 때 마리아와 예수님의 대화는 기이
하다.

> 아이야 어찌하여 우리에게 이렇게 하였느냐 보라 네 아버
> 지와 내가 근심하여 너를 찾았노라 예수께서 이르시되 어

찌하여 나를 찾으셨나이까 내가 내 아버지 집에 있어야
될 줄을 알지 못하셨나이까 하시니 (눅 2:48-49)

놀라운 대화이다. 어떤 아이도 이렇게 대화하지 않는다. 왜
우리는 이 부분을 읽을 때 이상하다고 생각지 않는가? 부모를
잃어버린 아이로서 누가 이렇게 대답할 수 있는가?

소년 예수님은 말씀하신다. "내가 내 아버지 집에 있는 것이
당연하다." 곧 예수님은 자신을 **'성전에 있는 자'**로 소개하신다.
누가 성전에 있는 자인가? 성전에 아기 때부터 드려졌던 자 사
무엘이다. 이 말씀만 있었다면 이런 진전은 비약이겠지만, 누가
복음 앞부분 전체 문맥이 그리스도께서 두 번째 사무엘이심을
그리고 있기 때문에 이것은 과하지 않다.

6) 누가복음은 성전에서 대화를 나누던 예수님의 말씀을 이렇
게 표현한다.

듣는 자가 다 그 지혜와 대답을 놀랍게 여기더라
(눅 2:47)

사무엘상 3장 19절은 사무엘에 대해 이렇게 말한다.

사무엘이 자라매 여호와께서 그와 함께 계셔서 그의 말이
하나도 땅에 떨어지지 않게 하시니 (삼상 3:19)

그렇다. 사무엘 역시 자라갈 때 그가 하는 말이 하나도 땅에 떨어지지 않았다. 그의 말이 영향력 있도록 하나님께서 도우셨다. 예수님도 비록 성전에 계셨을 때 그의 나이가 열두 살 밖에 되지 않은 소년이었지만, 랍비들이 예수님의 이야기를 듣고 놀랄 수밖에 없도록 영향력 있는 말씀을 하셨다. 그분의 말씀은 땅에 떨어지지 않으셨다.

우리는 깨닫게 된다. 누가복음은 의도적으로 예수님께서 '두 번째 사무엘'이심을 말하려 하고 있다는 것을 말이다. 그리고 이런 성경의 의도는 그분이 사무엘로서 이루실 일을 주목하게 만드는 데에 목적이 있다. 이제 그분은 사무엘처럼, 나실인으로서 사사 시대를 종식하는 일을 행하실 것이다.

빛의 보호자

어린 사무엘은 홀로 성전에 드려졌다. 그가 어떤 어린 시절을 보냈을까? 그는 외로웠을까? 할아버지 같은 엘리 제사장의 밑에서 사랑받으며 자랐을까? 아니면 수도사처럼 엄하게 자랐을까? 엄마가 보고 싶어 가끔 훌쩍였을까? 아니면 어릴적부터 의젓하고 어른스럽게 잠깐씩 들르는 어머니를 기다리며 보냈을까? 제사장으로서의 수업을 잘 받았을까? 여러 제의를 배우면서 민첩했을까? 아니면 다른 아이들과 별반 다를 바가 없었을까?

비(非) 계시, 곧 보여주시지 않은 것은 볼 수 없다. 따라서 우리는 사무엘의 기록되지 않은 삶에 대해서는 지나친 상상은 할 수 없다. 하지만 사무엘이 누구였으며 무엇이어야 했는지, 계시, 곧 보여주신 것은 볼 수 있다.

사무엘상은 엘리와 두 불량한 아들들의 이야기를 말한 후 즉시 사무엘에게로 나아간다. 2장 12절부터 엘리의 두 아들의 악행이 나오는데, 이 장의 마지막은 두 아들이 한 날에 죽을 것이 표징이었다(34절). 그런데 이 엘리 가문에 대한 저주의 메시지에 곧바로 이어 3장에 "아이 사무엘"의 이야기가 나온다. 즉 '아이 사무엘'은 이 악한 제사장들과 의도적으로 비교되어 있다. 그리고 이 아이 사무엘의 '존재(being)', 곧 그가 누구인지에 관한 성경의 설명이 곧 이 악한 제사장들에 대비되는 사무엘의 참된 역할이다. 아래 구절은 사무엘이 누구이며 무슨 역할을 하는 사람인지를 가장 정확하게 보여준다.

> 아이 사무엘이 엘리 앞에서 여호와를 섬길 때에는 여호와의 말씀이 희귀하여 이상이 흔히 보이지 않았더라 엘리의 눈이 점점 어두워가서 잘 보지 못하는 그 때에 그가 자기 처소에 누웠고 하나님의 등불은 아직 꺼지지 아니하였으며 사무엘은 하나님의 궤 있는 여호와의 전 안에 누웠더니 (삼상3:1-3)

사무엘에 대한 이 말씀은 사실 매우 놀라운데 주도면밀하게

쓰여 사무엘의 일이 무엇인지를 그림같이 보여주고 있다. 1절
은 서술이다.

여호와의 말씀은 희귀했다. 이상이 흔히 보이지 않았다.

이것은 시대를 요약한 것이다. 그런데 2절과 3절은 교차대
조 구문이다. 이렇게 도식화할 수 있다.

A. 엘리는 자기 처소에 누웠다.

B. 엘리는 눈이 보이지 않았다.[7]

B') 하나님의 등불은 꺼지지 않았다.

A') 사무엘은 성전 안에 누웠다.

본문은 '엘리의 빛이 꺼진 것'과 '성전의 등불이 꺼지지 않은
것'을 대비한다. 그리고 엘리가 '자기 처소에 누운 것'과 사무엘
이 '성전 안에 누운 것'을 역시 대비한다. 왜 이렇게 기록한 것일
까? 다음의 두 구절에 해답이 있다.

---

7 우리말 성경에는 눈이 어두웠다와 처소에 누웠다가 히브리 본문과
   반대 순서로 되어 있다.

아론은 회막 안 증거궤 휘장 밖에서 저녁부터 아침까지 여호와 앞에 항상 등잔불을 정리할지니 이는 너희 대대로 지킬 영원한 규례라 그는 여호와 앞에서 순결한 등잔대 위의 등잔들을 항상 정리할지니라 (레 24:3-4)

너는 또 이스라엘 자손에게 명령하여 감람으로 짠 순수한 기름을 등불을 위하여 네게로 가져오게 하고 끊이지 않게 등불을 켜되 아론과 그의 아들들로 회막 안 증거궤 앞 휘장 밖에서 저녁부터 아침까지 항상 여호와 앞에 그 등불을 보살피게 하라 이는 이스라엘 자손이 대대로 지킬 규례이니라 (출 27:20-21)

스가랴와 계시록에 의하면 성막/성전 안에 있던 등불은 '여호와의 눈'이다.

보좌로부터 번개와 음성과 우렛소리가 나고 보좌 앞에 켠 등불 일곱이 있으니 이는 하나님의 일곱 영이라 (계 4:5)

내가 또 보니 보좌와 네 생물과 장로들 사이에 한 어린 양이 서 있는데 일찍이 죽임을 당한 것 같더라 그에게 일곱 뿔과 일곱 눈이 있으니 이 눈들은 온 땅에 보내심을 받은 하나님의 일곱 영이더라 (계 5:6)

작은 일의 날이라고 멸시하는 자가 누구냐 … 이 일곱은

온 세상에 두루 다니는 여호와의 눈이라 하니라 (슥 4:10)[8]

결국 사무엘상 3장이 보여주는 교차대조의 의미, 사무엘의 위상은 선명하다. 시대는 어두웠다. 그리고 엘리는 레위기와 출애굽기가 보여주는 '아론의 직무', 곧 대제사장의 직무와 상관없는 '자기의 처소'에 누워 있다. 하지만, 그럼에도 불구하고 여호와의 등불은 꺼지지 아니한다. 왜? 사무엘이 성전에 누워 있기 때문이다. 그가 빛의 보호자이다.

빛으로 오신 그리스도

사사 시대의 어둠은 어떤 방식으로 밝혀지게 될까? 뿐만 아니라 사사 시대가 함의하고 있는 죄악의 어두움, 고통의 시대는 어떤 방식으로 완전히 새로워질 수 있는 것일까? 요한복음은 예수님의 오심을 이런 방식으로 설명하고 있다.

그 안에 생명이 있었으니 이 생명은 사람들의 빛이라
빛이 어둠에 비치되 어둠이 깨닫지 못하더라 (요 1:4-5)

참 빛 곧 세상에 와서 각 사람에게 비추는 빛이 있었나니

---

8 앞의 2절과 3절, 11-14절을 보면 여기 "일곱"은 순금 등대의 일곱 잔을 말한다.

그가 세상에 계셨으며,
세상은 그로 말미암아 지은 바 되었으되
세상이 그를 알지 못하였고
자기 땅에 오매 자기 백성이 영접하지 아니하였으나 …
말씀이 육신이 되어 우리 가운데 거하시매
우리가 그의 영광을 보니
아버지의 독생자의 영광이요 은혜와 진리가 충만하더라
(9-14절)

오신 그리스도는 빛이시다. '빛의 수호자' 정도가 아니라 '빛 자체'이시다. 마태는 예수께서 "나사렛을 떠나 스불론과 납달리 지경 해변에 있는 가버나움에 가서 사신 것"(마 4:13)을 두고 이렇게 말했다.

스불론 땅과 납달리 땅과 요단 강 저편 해변 길과 이방의
갈릴리여 흑암에 앉은 백성이 큰 빛을 보았고 사망의 땅
과 그늘에 앉은 자들에게 빛이 비치었도다 (마 4:15-16)

과연 그렇다. 그리스도는 요한복음 2장에서 자신을 '포도주 제조자'로 소개하셨고, 6장에서는 오병이어 사건을 통해 자신을 '생명의 떡'으로 소개하신 후, 7장에서는 명절 끝 날, 곧 큰 날에 "누구든지 목마르거든 내게로 와서 마시라"라고 외치심으로 자신을 '생명의 물'로 소개하셨다. 그리고 9장에서 소경을 고치신 다. 즉 빛을 주신다.

예수님은 창조 때 하나님이 하신 것처럼 진흙을 이겨 소경의 눈에 바르신다(6절). 예수님의 치유 사역에 행위가 동반되지 않고 말씀으로만 된 때가 많음을 생각하면, 동반되는 행동에 암시가 있음을 분명히 알 수 있다. 맹인이 눈을 뜬 날이 안식일이었으므로 유대인들이 와서 따질 때 예수께서는 "너희가 맹인이었으면 죄가 없을 테지만, 본다고 하니 너희 죄가 그대로 있다"(41절)라고 말씀하신다. 유대인들은 "우리도 맹인인가"(40절)라고 외친다. 하지만 그것은 이미 있는 사실의 반복에 불과하다.

참으로 그렇다. 그리스도께서는 "보지 못하는 자들을 보게 하고 보는 자들을 소경 되게 하시기 위하여"(39절) 이 땅에 오셨다. 그분이 빛이시다. 빛 바깥에 있는 이들은 자신들이 어두움인줄 모른다. 그러므로 그들은 내몰려 모두 어둠과 흑암의 시궁창 속으로 빨려 들어간다. 하지만 그분은 '참 빛의 수호자', 아니 '그분 스스로가 빛이신 분'으로서 이 세상에 오셔서, 작고 허물 많고 어리석으나 누가 진정한 참 빛이신지를 아는 자들을 부르신다. 그분이 참 사무엘이시고, 참 나실인이시며, 빛으로 사사 시대를 몰아내시는 분이시다.

그러므로 우리는 누구인가? 성경은 그분을 따르는 자들을 '빛의 자녀들'로 묘사한다. 우리는 나약하지만 그분을 빛으로 알고 따르기 때문에 어두움에 있지 않다.

너희는 열매 없는 어둠의 일에 참여하지 말고 도리어 책
망하라 (엡 5:11)

밤이 깊고 낮이 가까웠으니 그러므로 우리가 어둠의 일을
벗고 빛의 갑옷을 입자 (롬 13:12)

왜냐하면 우리는 이제 빛의 자녀들이기 때문이며, 그분의
기이한 빛에 들어간 자들이기 때문이다.

너희가 전에는 어둠이더니 이제는 주 안에서 빛이라 빛의
자녀들처럼 행하라 (엡 5:8)

그러나 너희는 택하신 족속이요, 왕 같은 제사장들이요
거룩한 나라요 그의 소유가 된 백성이니 이는 너희를 어
두운 데서 불러 내어 그의 기이한 빛에 들어가게 하신 이
의 아름다운 덕을 선포하게 하려 하심이라 (벧전 2:9)

우리의 "빛들의 아버지"(약 1:17)이신 분은 우리의 어둠을 밝
하시기 위하여 우리에게 참 빛을 내려주셨다. 해와 달도 그분의
모조품에 불과하다. 우주가 영광스러우신 분의 빛에 의해 생명
을 얻는다면, 해와 달은 그분의 권능의 반사체에 불과하다.

그러므로 빛 안에 들어간 자들이 참으로 그리스도 안에 들
어갔다면 그러한 백성들에게는 해도 달도 필요없다. 우리가 종
국적으로 도달할 날에 대하여 기록한 성경은 우리가 마지막 단

계에 도달했을 때에는 '궁극'을 가질 것이기에, 원형을 비추는 반사체들은 쓸모 없을 것임을 진지하게 말하고 있다.

> 그 성은 해나 달의 비침이 쓸 데 없으니 이는 하나님의 영
> 광이 비치고 어린 양이 그 등불이 되심이라 만국이 그 빛
> 가운데로 다니고 땅의 왕들이 자기 영광을 가지고 그리로
> 들어가리라 (계 21:23-24)

세상은 자주 '흑암'이라 불리우지만, 참 빛이신 그분 안에 있는 백성들에게는 광명이 있다(출 10:23). 믿음으로 세상을 살아가는 주의 백성들에게 세상은 험난한 곳이다. 하지만 우리에게 광명이 있음을 잊지 말라! 참 빛이신 분께서 이 어두움의 시대를 헤쳐 나가며 살고 있는 빛의 자녀들에게 참으로 함께 하실 것이다.

진정한 나실인 그리스도

- 대적의 성문을 정복한 자
- 참 빛을 비추는 자

NAZIRITE

NAZIRITE

에필로그.
Solus Christus! (오직 그리스도)

폴 트립은 "폭식과 비만이 영적인 문제"라고 한 적이 있다.

3년 전, 나는 몸무게를 18킬로그램 줄였다. 몸무게를 꼭
줄여야 했던 상황이 퍽이나 당혹스러웠다. 그러나 이 책
을 쓰는 동안 나는 몸무게가 느는 것도 영적인 문제, 곧
하나님 앞에서의 마음 상태와 관련된 문제라는 것을 깨달
았다.[1]

---

1 폴 트립, 『경외』, 조계광 옮김 (서울: 생명의 말씀사, 2016), 10.

이 책 전체의 주제는 단 한 가지이다. 인생의 모든 국면이 '하나님 경외'의 문제와 연관되어 있다는 것이다. 먹고, 자고, 놀고, 일하고 … 겉으로 볼 때 '단지 일상의 문제'로만 것처럼 보이는 문제도, 궁극적으로는 언제나 경외의 문제와 연관된다는 것이 그가 일관되게 이 책에서 발견한 것이었다.

비슷하게, 1,600여 년 전에 살았던 교부 아우구스티누스는 『하나님의 도성』에서 인생이 궁극적으로 무엇인지를 이런 방식으로 말했다.

> 그러나 행복하게 될 수 있는 피조물도 원래 무에서 창조된 것이므로 자기에게서 행복을 얻어낼 수 없고 자기를 창조해 주신 창조주에게서 얻어야 한다. 이 선을 얻으면 행복하게 되고 이 선을 잃으면 불행하게 된다. … 그러므로 우리가 말하려는 것은, 유일하고 진정하며 행복하신 하나님 이외에는 변함없는 선이 없다는 것이며, 또 그가 만드신 것들은 그가 만드셨기 때문에 선한 것이 사실이지만, 그에게서 온 것으로 만드신 것이 아니라 무로 만드셨기 때문에 변한다는 것이다.[2]

아우구스티누스의 말을 빌리자면 우리는 참으로 '무(無)'다. 무로부터 지어졌으므로 우리의 실체는 진정으로 '무'다.

2　아우구스티누스, 『하나님의 도성』, 조호연, 김종흡 옮김 (서울: 크리스천다이제스트, 2016), 581.

왜 우리는 무언가를 성취했을 때 성취로 인해 즐거움 대신 허무함을 느끼는가? 잠시 생각해 보더라도 어떤 사물, 어떤 존재, 어떤 가치, 어떤 이념이든 만약 그것이 진실로 '의미 있는' 것이라면 그것을 가졌을 때 의미가 사라져서는 안 된다. 소유한다고 해서 없어져 버리는 의미라니! 하지만 우리는 수없이 '가져서 얻는 허무'를 경험한다. 소소하게는 매일 도착하는 택배에서, 크게는 전 인생을 걸쳐 사게 된 새 아파트까지. 우리는 무엇을 가지더라도 허무를 극복할 수 없다는 것을 알면서도 마약 주사를 맞듯이 그것을 갖기까지의 쾌락을 위해, 있지도 않은 행복을 향하여, 의미 없어 결국 무가 될 뿐인 여러 세상의 물질과 가치관을 좇아서 허우적대면서 살아가고 있다.

그 이유가 무엇인가? 참으로 우리가 무로부터(ex nihilo) 지어진 존재이고, 따라서 우리에게 의미를 부여해주시는 분께서 거기 함께 계시지 않으면 우리의 모든 것이 무일 뿐이기 때문이다. 그분이 계시지 않은 우주의 모든 존재는 존재일 수 없게 된다. 모든 것이 '무로부터' 지어졌다. 그러므로 편의점에서 천 원짜리 우유를 사는 일도, 주말에 국도를 따라 드라이브를 할 계획도, 회사의 존망이 걸린 가장 중요한 기획안도, 모두 그분 안에서만 의미가 있다.

신학을 공부하던 시절, 눈을 뜨게 해 주신 내 존경하는 은사이신 유해무 박사께서는 영혼 불멸에 대해 가르쳐 주시면서 "영혼조차 그 스스로 '불멸'의 속성을 가지고 있어서는 안 된다"라고 하셨다.[3] 그래서 '영혼 불멸'이라는 개념은 기독교가 아니라 이교라 하였다(실제로 영혼 불멸 사상은 플라톤에서 온 것이지 성경에서 온 것이 아니다). 이유는 성경에서 불멸, 곧 '죽지 않음'은 오직 하나님의 것이기 때문이며(딤전 6:16), 따라서 인간의 영혼은 '본성적으로' 불멸인 것이 아니라 오직 인생에게는 '부활' 뿐이라고, 곧 하나님 그분으로 인하여 불멸성을 얻고, 입게 되는 것일 뿐이라고 가르치셨다(고전 15:53, 54).

사사 시대가 기나긴 고통의 시대일 뿐인 이유는 무엇인가? 하나님께 붙어 있어야 할 이들이 하나님으로부터 멀리 떨어졌기 때문이다. 우리는 긴 여정을 거치면서 이러한 고통 가운데 있던 이스라엘과 하나님의 구원을 살펴 보았다. 결국 인생에게 유일한 구원은 하나님과 그리스도에게만 있다. 우리가 자신에게로 몰입하면 할수록, 우리가 스스로에게 침잠하여 들어가면 들어갈수록, 우리는 허무와 맞닥뜨릴 뿐이며, 진정한 가치라고는 전혀 찾을 수 없다. 우리는 우리의 본성 속에서 불멸, 의미, 영원 등을 찾으려고 하면 할수록 점점 더 곤혹에 빠지게 된다. 왜냐하면 우리에게 의미는 오직 하나님에게만 있기 때문이다.

---

3 유해무,『개혁교의학』(서울: 크리스천다이제스트, 1997), 598 참조.

어두운 밤거리를 홀로 걸어들어와 아무도 없는 캄캄한 방 안에 불을 켜고, 독신의 괴로움을 씹을 때만 인생의 허무함이 존재하는 것이 아니다. 격정적인 사랑을 나누고 있을 때에도, 새 생명의 탄생으로 가족이 되는 가장 격렬한 기쁨을 누리고 있을 때에도, 인생은 그분이 없다면 허무하다. 그야말로 "Solus Christus(오직 그리스도)"이다.

한때 부흥과개혁사에서 옥성호씨가 『부족한 기독교』 시리즈를 출간하고 있을 때, 연일 우리네 풍조 속에 '심리학'과 '교육학' 같은 것들이 참 복음이 아니라고, 그것은 단지 세상의 학문일 뿐이며, 복음은 그것과는 다른 것이라고 하는 목소리들이 울려 퍼지고 있던 때가 있었다. 하지만 시간이 많이 흐르고 난 지금, 그것은 찻잔 속의 폭풍이 되었는가? 세속적 자기 기만의 복음, 곧 실제로는 복음이 아니지만 세상의 여러 학문과 가치가 복음이라는 가짜 옷을 입은 것들은 교회 안에서 연일 승리하는 듯 보이고, 여전히 이 가짜 옷을 입은 복음을 커다란 확성기로 선전하고 있는 대형 교회들은 승승장구하고 있는 듯 보인다. 시장 경제는 교회에도 예외가 아니어서 '가장 많은 이에게 가장 많은 물건을 파는'(여기에서 물건은 '복음'이라는 상품이다) 무당과 같은 목회자들이 제일 큰 예배당을 갖는 일이 마치 당연한 듯 세상은 흘러가고 있다. 우리는 이런 상황들 속에 교회의 쇠퇴와, 또한 코로나19를 맞았다.

'교회의 쇠퇴'를 말할 때 우리는 외적으로 교인의 숫자가 줄어드는 것과 교회학교에서 아이들이 증발하고 있는 것에만 관심을 가지고 있지는 않은가? 팀 켈러는 웨스트민스터 신학교 2018년 졸업식에서 한국교회는 쇠퇴를 알아채고 있다는 점에서 미국 교회보다 낫다고 말했는데, 정말 그럴까? 우리는 '알아채고' 있으니 그나마 괜찮은 것일까?

사사 시대는 '사사들이 활동했기 때문에' 사사 시대인 것이 아니다. 사사 시대는 하나님이 없었기 때문에 사사 시대이다. 진실로 '하나님 없음'이 교회의 풍조라면 그 교회는 언제 어떤 시대이든 사사 시대이다. 그런 점에서 우리, 곧 '한국 교회'라는 커다란 배를 동승하고 있는 우리는 진실로 사사 시대를 면했거나, 그로부터 탈출할 준비를 잘 갖추고 있는 것일까?

하나님께서 혹독한 사사 시대를 지내는 와중에 두 나실인을 통하여 우리들에게 말씀하시는 바는 선명하다. 그리스도께만 구원이 있다는 것이다. 그 누구도 아버지의 품을 떠나 탕자의 길을 면할 수는 없다. 겉으로 볼 때는 화려해 보이지만 그것은 쥐엄 열매이다(눅 15:16). 오직 그리스도를 통해 구원하시는 하나님을 우리의 가장 평범하고 소소한 일상 속에서 매일 발견하지 않는다면, 우리는 도무지 사사 시대에서 구원하시는 하나님의 손을 볼 수 없을 것이다.

폭식도 경외와 관련되어 있다. 그리스도인의 아침 출근 시

간도 경외와 관련되어 있다. 신혼 여행 일정 중에 주일을 넣을
지 말지를 결정하는 것도 경외와 관련되어 있다. 당신은 누구인
가? 2세기의 성도들은 "너의 이름을 말하라"고 하는 박해자들의
독촉에 "나는 그리스도인이오"라고 답했다. 다시 "그런 것 말고,
너의 본명을 말하라"고 하는 이어지는 독촉에 연이어 "나의 이
름은 그리스도인입니다"라고 했다. 우리는 누구인가? 그리스도
없는 우리는 누구이며, 하나님 없는 교회는 누구인가? 우리는
매일 그분 앞에서 이 질문에 대답해야 한다.